想法才是主角

轟動日本的「天才數位大臣」唐鳳，打破框架的30種破繭思考。

BREAKING THINKING

A U D R E Y
T A N G

近藤弥生子
YAEKO KONDO

譯｜楊裴文

插圖｜黃立佩

CONTENTS

第四章｜讓每個人的心裡都住進一個小唐鳳

作者序

二〇二〇年，日本社會受到新型冠狀病毒肺炎的嚴重影響，而在疫情之中最受矚目的人物之一，就是擔任臺灣行政院數位政務委員的唐鳳（Audrey Tang）。她被譽為「臺灣的天才大臣」，來自媒體的採訪和演講邀約絡繹不絕，許多關於她的書籍也接連出版問世。

究竟為甚麼日本人對唐鳳抱持著如此巨大的狂熱？

我有幸獨家專訪唐鳳將近二十個小時，進一步採訪她周遭的人事物，並以那些素材為基礎，在二〇二一年二月於日本出版《唐鳳的思考：比IQ更重要的事》（原書名：オードリー・タンの思考 IQよりも大切なこと／日本Bookman出版社）一書。那並不是一本讚揚唐鳳的

豐功偉業的傳記，而是基於「讓每個人的心裡都住進一個小唐鳳」的概念來進行採訪、搜集資料所寫下的文字。

每當我在日本媒體上提到唐鳳時，一定都會接收到極大的迴響，然而大部分都是「真羨慕臺灣有像唐鳳那樣的人來擔任政府的數位大臣」、「能夠接受唐鳳入閣的臺灣社會真是太棒了，這在日本是不可能發生的事啦」、「唐鳳能不能來日本成立一個新的數位部門啊」……這類「等待某位超級英雄出現，來拯救我們社會」的感想。

每當聽聞那些感想時，我總不禁思考：「假設今天唐鳳願意來到日本，究竟日本社會能不能像臺灣一樣，讓她盡情發揮、一展長才呢？」與其找尋下一位超級英雄，不如讓人們的心中都住進「小唐鳳」，使社會上出現越來越多像唐鳳一樣的人；如此一來，日本社會也才能往更好的方向邁進，不是嗎？處在那樣的時空背景之下，我萌生了這份信念並寫下人生中的第一本書。

值得慶幸的是，隨著書籍的出版，我真切感受到「小唐鳳」正在日本慢慢地、穩定地增加中。因為有人願意肯定那本書，認為「這是一本讀完之後，能夠激勵讀者朝向某個目標啟程的『起點之書』」。在日本各地，也有許多以「成為小唐鳳」為主旨的線上研討會或讀書會相繼開辦，讓我得以和廣大的讀者進行對話。

在這本書中，我將聚焦於《唐鳳的思考：比IQ更重要的事》中特別給予許多日本人勇氣的唐鳳語錄及思考，分享給臺灣的你們。和唐鳳相處的每一分、每一秒所得到的珍貴啟發，令人彷彿沐浴在金玉良言之中，是非常獨特的體驗。能夠從日本人的角度，向臺灣朋友逆輸入介紹令日本人嚮往不已的唐鳳究竟是甚麼樣的存在，這是我無上的榮幸。

衷心盼望手持這本書的你，心中也能住進一位「小唐鳳」。

筆者 **近藤弥生子**

※唐鳳自稱為跨性別者，在二十四歲時才改名為現在大家所熟知的「唐鳳」，為了便於讀者理解，本書在講述名字時，將統一以「唐鳳」為主；而針對性別將在二十四歲之前以「他」稱呼，於二十四歲之後以「她」稱呼。

第一章

在日本非常受歡迎的想法

在此，我將介紹在二〇二一年二月於日本出版的拙著《唐鳳的思考：比IQ更重要的事》內文中，特別抓住多數日本人的心、引起極大迴響的唐鳳語錄。

想法才是主角

轟動日本的「天才數位大臣」唐鳳，
打破框架的30種破繭思考。

CHAPTER ONE

想法才是主角

01

AUDREY TANG

START

在唐鳳入閣後所推動的「社會創新」當中，引起日本人關注的是從二〇一八年開始每年舉辦的「總統盃黑客松」。以總統名義舉辦的黑客松，由民眾提出在臺灣各地所抱有的課題，並靈活運用政府開放的資料，進而提出解決的方法。

唐鳳說：「決策應該要誕生於政府、民眾與知識分子們的對話之中。這個活動為期三個月，過程中可以提出任何想解決、討論的問題。」

從縱向變成橫向，付諸執行才具有價值

在「二〇二〇年總統盃黑客松」活動閉幕的隔天，我採訪了唐鳳。本以為在活動結束後，她應該得以稍作放鬆，但她帶著笑容說：「在活動結束的瞬間，就必須開始準備下一屆的事宜，以及思考本屆提出的點子將如何確實地執行在公共政策上。在『總統盃黑客松』中獲選的解決方案沒有獎金，因為『真正被執行』才是它的價值。前兩屆的獲選提案，如今有九成都已經成為政策了。」

在「總統盃黑客松」中獲選的解決方案成為政策後，就會由提案單位開始執行；執行狀況可以在政府的平臺上確認，也會在唐鳳舉辦的社會創新例會，或是後續推動的研商會議上成為議題。例如第一屆的卓越團隊之一「零時差隊」，針對空中轉診問題對策進行提案，確

實使得電子病歷和醫療專業支援模式更加完善，並使臺灣醫師、離島或山區的在地醫師、患者得以透過網路進行遠距的醫療諮詢。而另一個卓越團隊「救急救難一站通」，則是因為二〇一四年高雄市所發生的大規模氣爆事件，在要取得重傷患者可以送到哪間醫院的急診室的資訊時，發覺訊息傳遞的方式太過原始，因而提出了改善提案。

帶入黑客文化的DNA，改變公務體系的文化

唐鳳在「總統盃黑客松」舉辦時上傳的影片當中，引用了美國知名程式設計師Eric S. Raymond的「如何成為黑客」（How To Become A Hacker）態度，意即：「黑客創造新的事物，解決現有的問題，並且相信自由和共享的價值。」黑客文化的態度是唐鳳的信念——入閣

後，她慢慢地將黑客文化的DNA融入日常的行政工作中，並且一點一滴地改變公務體系的文化。她所遵循的黑客文化態度為：

1. 這個世界上，有非常多有意思的問題等著我們去解決。
2. 不要再讓他人浪費時間去解決相同的問題，請把你的解決方法分享出去。
3. 所有冗長且乏味的事，都不該浪費人的時間來做。應該透過自動化的機器去消化。
4. 我們追求自由和資訊透明，因此反對任何形式的極權主義。
5. 付出自己的智慧，保持鍛鍊及勤奮的精神，致力於向彼此學習。

想法不專屬於誰，想法才是主角

我曾經採訪過在「二〇二〇年總統盃黑客松」被選為卓越團隊的「透明足跡」，他們開創出「掃了再買」的APP——只要掃描陳列在超市或便利商店的商品條碼，就可以知道該廠牌的環境污染程度、違反紀錄、有無繳納罰款，以及罰款的累積金額。當我跟日本人講這件事時，都只得到「在日本沒辦法」的答案，因為擔心會受到企業的壓力。

然而接受採訪的「透明足跡」開發者——「綠色公民行動聯盟」的副秘書長曾虹文則說：「雖然環保運動一般是將『污染環境不可原諒』訴諸情感來抗議，但我們並不是要與企業為敵，而是著重在資料開放的基礎下進行對話，所以接近的方式是不同的。並不是想要把對方逼到破產，而是希望一起思考『企業該負起怎樣的責任』。所以我們能夠與企業對話，而他們也願意改掉不好的部分。」

我與唐鳳分享了這件事，告訴她：「我感覺臺灣的年輕人有越來越多人開始與您的想法相同。」

唐鳳聽了以後這樣說：「我的想法也是從別人那得來的，我只是將它傳給其他人。這並不是專屬於誰的想法，想法才是主角。」

不要靠使命或熱情，而要樂在其中

破藕思考

BREAKING THINKING

02

AUDREY TANG

START

入閣以來，唐鳳期許自己成為「公僕的公僕」，看著她那分秒必爭、緊湊的工作行事曆，忍不住想問她，那份源源不絕的使命感和熱情到底從何而來？

不過，她總是這樣回答：「因為很有趣啊，我是興趣使然。」

在她與日本音樂家岡村靖幸於雜誌《週刊文春WOMAN》（二〇二〇年秋季）的對談中也是，當唐鳳被岡村問到「在工作以外，妳最享受做甚麼事情？」時，她笑著回答：「我是興趣使然才當數位政委的，所以做這份工作的時候就是我最享受的時光。在某部漫畫中的主角有一句臺詞是：『我只是一個興趣使然的英雄罷了。』我就跟他一樣啊！」

這是日本人氣漫畫《一拳超人》（原作：ONE／重製版作畫：村田雄介）男主角埼玉的經典臺詞，當時因參與這場對談合作而站在現場的我，完全沒料到唐鳳的口中會迸出這句臺詞，著實大吃一驚。在接受日本媒體的採訪時，她偶爾會以這種的方式在回應中摻入與日本相關的話題，我能感受到，這是她對日本朋友的一份體貼的心意。

而這當然不只是個玩笑，她是非常認真地回答的。唐鳳的這種工作方式，與她長期參與開放原始碼（open source，又稱「開放源碼」、「開源」）社群協作的做法非常相似。更精確一點來說，她不只持續對社群做出極大的貢獻，甚至可以說是建立起這種社群工作方式的重要關鍵人物之一。

不抱持使命感的理由

「二〇〇六年，我在國際上發表『以樂趣為優先（英語名：-Ofun，Optimizing for Fun）』的概念。在當時開放原始碼文化的創新運動中，熱情與使命都是經過一段時間就會消耗殆盡了，但是快樂可以維持很久，所以我提議我們應該以樂趣為優先，而不是以使命感為優先。」

唐鳳指的是程式語言「Perl」要從「Perl 5」發展到「Perl 6」的時候，當時她對該專案做出了極大的貢獻。當時的「Perl 5」碰到瓶頸，在一直無法解決的問題上卡關，且「Perl」社群中來自世界各地的程式設計師們也都束手無策。在組織眾人以解決問題的過程中，唐鳳於二〇〇五年結合程式語言「Haskell」做出名為「Pugs」的編譯器「compiler」，這對「Perl 6」的開發帶來了極大的貢獻。

在眾人攜手的過程中，她告訴全世界的夥伴們「快樂優先」，鼓舞大家的士氣。二〇〇九年，「Perl 6」終於正式問世，專案實作的程式碼名為「Rakudo」（樂土）；現在的專案名稱則是「Raku」，兩者的語源都是來自於日文的「楽しむ」（樂趣），並且皆是以日文發音。

「我提出『以樂趣為優先』的概念是在二〇〇六年的事情，絕對比《一拳超人》的埼玉老師還要早喔！」唐鳳充滿幽默感地說道。

「因為樂趣而創造出的某個東西，可以感動下一個人，並進而影響對方再創造出另一個東西。如此一來，這樣的文化就能夠持續下去。」

從「價值」去瞭解對方

03

AUDREY TANG

START

透過專案協作認識共事的人，藉由該專案再連結到下一個專案並遇見新的人事物——這就是唐鳳在入閣前持續參與至今的開源社群的工作方式。在那裡相遇的人，彼此透過一點一滴的自我介紹維繫情誼，進而逐漸縮短與對方的距離，這與一般人的互動方式大相逕庭。

培養出這種社群風氣的唐鳳，相當珍視以下的一種觀念。

「我很喜歡『從價值觀去瞭解對方』這句話，以英語來說，就是「I'd like to know you by your values, not by your types, classes or roles.」在認識某位新朋友的時候，能夠透過對方重視甚麼事情，來理解對方心中所抱持的價值觀；雖然價值觀會隨著性別、階級或職務而有所變化，但我認為重視對方想要對甚麼事物做出貢獻的想法，是非常寶貴的。」

在網路發達之前，人們都各自擁有自己的嗜好活動、喜歡的藝術家或關心的社會議題等等，而現在則可以透過網路媒介將對於相同事物感興趣的人們串連起來，彼此分享新知識、情報，或是獲得共同的體驗。開源社群的工作方式因為在如此放鬆的關係中進行，而為人們帶來特別高的成就感。

發送＋＋

在「按讚」還沒有出現的時代，「＋＋（Plus, Plus）」就是在網路上稱讚對方時所使用的網路用語。

「就我自己本身而言，以前同時參與一百件以上的專案時，每天都會收到來自世界各地的感謝e-mail，那對我來說是非常大的原動力。寫程式的人，藉由相互肯定及彼此勉勵，慢慢瞭解到這個世界上需要甚麼、喜歡甚麼。」

面對他人時，唐鳳總是先看好的那一面，並且不忘讚美。或許，她是將自己喜歡被他人對待的方式，先付出在對方身上吧！

「Ubuntu」（烏班圖）精神

唐鳳在將開源社群的工作方式引入政府、推動開放政府之際，經常提到這個概念。這是非洲南部的祖魯族語，意思是「相互體諒、彼此支援」。

『Ubuntu』源自於南非的文化。由於每一個人的能力都不同，因此不該各自單獨存在，而需透過彼此互相支援、互相幫助，才能超越自己的極限並達到更棒的境界。」

她之所以創建「vTaiwan」或「Join」等數位平臺，使法律改革或公共政策得以在公開場域被討論，正是因為她相信——不該只讓利益關係人們自己關起門來對話，而要讓對該議題有興趣的人們也能熱情地參與並集思廣益，如此必定能導出更棒的結論。

預先準備好溝通時的「通訊協定」（protocol）

通訊協定是一種網路資訊用語，意指「不同電腦之間的通訊傳輸規則」。舉例來說，在開放原始碼的應用程式中，幾乎都會有

「README」、「變更履歷」、「roadmap」及「常見問題」等檔案夾，為第一次使用程式的人提供友善的協助。

在工作方式上，唐鳳也很重視預先設定好的溝通規則，她說我們之所以會「以為別人知道自己的內心狀態」，或是在遇到討厭的事情時，心中出現「對方一定是故意針對我的吧！」之類的被害妄想式念頭，是因為產生了「認知偏差」，而這也是造成人們衝突的原因。為了避免這種情況的發生，事先做好互動共識及行為準則是相當重要的。

就這樣，臺灣開源社群的一部分工作方式，不只開始被運用在臺灣政府的運作之中，也跨越海洋被日本的開源社群所採用。

EQ是為了保護自己而存在的

破繭思考

BREAKING THINKING

04

A U D R E Y
T A N G

START

每當唐鳳在日本成為話題、受到眾人談論時，必定會被加上一句「IQ一八〇的天才大臣」的標語。在接受日本媒體的採訪時，她總會巧妙地化解關於IQ的問題，而當多次上門訪談的我碰觸到這個問題時，她終於以幽默的方式回答。

過去某一次基於日本編輯部的要求，我在報導的文章原稿上寫著那句必定會出現的標語，並在出刊前提出給唐鳳確認，結果在我收到的回稿上，她以紅字將「IQ」修正為「身高」。我說：「每次妳被問到IQ的時候，都會改回答身高。」唐鳳開心地笑著回答：「我的身高真的是一八〇公分，不用四捨五入。」

我來到臺灣之後感到驚訝的事情之一就是——比起IQ，臺灣人幾乎在所有的情況下都更重視「EQ」（Emotional Intelligence Quotient，情緒商數），這對日本人而言是相當陌生的詞彙。

臺灣人在稱讚人的時候，經常會說「那個人的EQ很高」之類的話。

當藝人以高EQ態度來回應媒體或大眾無禮的言論時，其好感度便會一口氣攀升；在職場上也是，一位會當眾大聲責罵部下的上司，便通常會被認為「EQ很低」，而不受到他人尊敬。對於重視面子的臺灣人而言，無論部下犯下甚麼樣的錯誤，若是上司不顧情面地當眾破口大罵，就會被認為是無法控制自己情緒的人。因此，無論一個人的IQ再怎麼高，只要EQ不高，便無法獲得他人的尊敬。在如此的社會氛圍之下，過去臺灣的媒體也不會過度強調唐鳳的IQ有多高，直到日本的媒體以「天才數位大臣」的頭銜稱呼她後，臺灣的媒體才開始使用這個頭銜。

我認為，EQ對於現在的日本而言也是相當重要的，我也曾向日本的媒體提議想寫一些文章來聊聊臺灣重視EQ的文化，然而卻未被採用，原因是「日本人對這個概念很陌生」。正因為如此，我才開始以日文寫書，希望藉由唐鳳將這樣的文化介紹給日本的讀者知曉。藉著這個機會，我也詢問了唐鳳關於最需要EQ的「人際互動方式」。

EQ是照顧好自己

我向唐鳳問道：「臺灣人很重視人的EQ，這是為甚麼？」唐鳳立即回答：「是的。我們非常重視碰到挫折跟衝突的時候，自己該如何照顧好自己的心。因為臺灣的人口密度很高，所以這是一項很必要的技能。」

我一直以為EQ是與他人互動的技能，因此唐鳳提出的思考角度，給了我嶄新的視角。

在《唐鳳的思考：比IQ更重要的事》出版之後，我透過書寫唐鳳傳遞了「比起IQ，臺灣人更重視EQ」的概念讓日本的讀者知曉。

在那之後，EQ在日本再次受到更多的關注。越來越多的日本電視臺和媒體開始採訪並報導有關臺灣重視EQ的文化，而在讀者之中，也有擔任企業幹部的人員主動聯繫我，希望能獲得許可分享拙著中關於EQ的部分內文給公司的同仁閱讀。

唐鳳曾公開說過：「談論成年人的智商沒有甚麼意義。」我希望日本能不只是對她的高智商感興趣，而是對更重要的事物——其中之一或許就是EQ——抱持更多的關心。

對事不對人

05

破繭思考
BREAKING THINKING

A U D R E Y
T A N G

START

隨著EQ的概念而一起在日本引起強烈迴響的，還有唐鳳的一句話。

當我提問「聽說在臺灣當眾罵人的上司會被認為『EQ很低』，而無法獲得大家的尊敬？」時，唐鳳的回答如下：

「所謂斥責的行為，不該針對某一個人，而要保持針對事情的態度。針對一個人批評，與針對一個人所做錯的事情批評，這兩者是不同的行為。例如，有人把車子停到線的外面，或是有人在紅燈時過馬路，我們要批評的是這件事，而非否定那個人，因此我想當面批評事情是可以的。這就是臺灣的俗語『對事不對人』的意思，它有點像英文所說的：『Don't take it personally.』我想，基本上在臺灣沒有聽過『對事不對人』這五個字的人應該是極少數，大家都聽過上百次吧！」

說著這些話的唐鳳，似乎覺得要將這句話介紹到日本是一件很有趣的事情，充滿興味地笑著。

這句「對事不對人」，在臺灣是從很久以前就人人琅琅上口的話語，大家在說出口時應該都不需要多解釋。不過，過去不知道這句話的我，卻彷彿因此明白了為甚麼在路上時，經常會被不認識的人搭話了。前陣子也是，某天我推著嬰兒車走路時，一位看起來比穿著套裝的我還年輕許多的男子，突然出聲叫喚：「那位媽媽，如果不走進來一點很危險喔！」他的語氣並非充滿警告意味，而是像在對朋友說話一般親切。甚至每個出聲搭話的人，在講完話之後都會像是沒事一般地離開。是不是因為「對事不對人」的觀念在臺灣社會中已普遍存在，因此這樣的互動行為才可以如此自然地發生呢？

「我想，臺灣人之所以普遍接受『對事不對人』的觀念，有兩個原因。其一，臺灣的人口密度非常高，在生活環境裡不可避免地要碰到很多其他人，除非是在深山裡面，不然基本上每個人的生活裡都充滿著會一次又一次、重複碰到的人。就像臺灣的諺語『一回生二回熟』——在第一次碰到一件事或一個人時的感覺是陌生的，但在第二次接觸到這件事或這個人的時候，就會變得熟悉了。因為臺灣的人口密度非常高，因此人們彼此熟悉的速度很快，在某種程度上，整體社會就像是一個大家族。

還有另外一個原因也很重要，就是在健康、教育與公共運輸的這三個層面上，臺灣採用的是社會主義制度。我們的全民健康保險制度的涵蓋率是人口的百分之九十九——大家會先繳交保險費，實際就醫時再將需要花費的金額，依點數制度乘上折扣來計算。在臺灣的任何地方，不管是有錢或沒有錢的患者，去看醫生時所得到的醫療資源是差不多的。教育方面也是一樣的，沒有人應該被剝奪接受國民教育的機會，且學生去學校上課就能夠吃到營養午餐。如果有哪個縣市政府沒有做好這些事情，國民馬上就會提出質疑、對政府表達抗議。這也是很強的社會主義傳統。最近大家則是在公共運輸的議題上有越來越多的關心。我想，臺灣人的心中深植著同舟共濟的互助概念，這樣的精神，跟資本主義的競爭精神是分開來談的。」

這種「對事不對人」的觀念，在日本引起極大迴響，大家都覺得：「太棒了！」

我將有關「對事不對人」與「EQ」的內容，寫成文章投稿至日本的網路媒體《Business Insider Japan》，該編輯部加上了標題：「為甚麼臺灣能夠出現唐鳳？日本人不知道的某個『常識』。」這篇文章瞬間在Twitter等網路平臺上成為熱門話題。也就是說，因為臺灣社會有著重視「對事不對人」與「EQ」的文化土壤，才能培育出像唐鳳這樣的人物，並讓他擔任政務委員這樣重要的職務，不是嗎？而這正是現今日本所欠缺的東西啊！日本的網路媒體《Business Insider Japan》的編輯部也認同我的看法。

自從新冠肺炎疫情之災以來，日本人已經過著兩年以上、不知道還要持續多久的防疫生活，並被看不見未來方向的不安感所籠罩。儘管如此，我仍收到了某位讀者的感想：「在這種生活中，唐鳳的『對事不對人』之語，成為了一線希望之光。」唐鳳的話語，彷彿護身符一般，守護著讀者的心。

不過，其實這裡頭藏著我的一點巧思。所謂的「對事不對人」，在日本社會中其實也有相應的觀念——以日文來說就是「罪を憎んで人を憎まず」的意思，但我在寫書時刻意不以這句日文來表達，而是選擇將中文的「對事不對人」直譯成了日文。因為，如果以陳腔濫調的日文詞彙來表達，讀者可能會因為覺得「喔！這個我知道」而忽略或跳過，不加深思。

「對事不對人」使日本人深受感動，但其實日本社會本身也有相同的觀念。我想，這不就是「最重要的事物其實一直都存在於自己身上，但我們往往忘記它的重要性，直到他人告訴我們時，才再度意識到它的存在」的道理嗎？

因為有缺口
才能讓光照進來

06

AUDREY

TANG

START

唐鳳在二〇一五年的IT技術人盛會「Modern Web」上以「開源之道」（Open Source Enlightenment）為題的簡報，可說是充分展現唐鳳式思考的演說之一。這份簡報是以自由軟體開發者兼開源策略家阿利森・蘭德爾（Allison Randal）於二〇一二年來臺時的演講為基礎，再由唐鳳加以衍生創作的「二次創作物」（Derivative work）。

其中，唐鳳提及了她非常喜歡引用的李歐納・柯恩（Leonard Cohen）的一段歌詞，作為傳遞給大家的訊息。

「不要害怕公開發表尚未完成的作品。像是『JavaScript』在最一開始的時候也很糟糕，不過之後卻成為最廣泛流行的程式語言。『公民黑客』社群的標誌『g0v』一開始也是由外行人做出陽春版的LOGO，並在設計師看到後而被修改得更具美感，因而逐漸成為完成度極高的專業LOGO。如今想在網路上引起極大注目的最好方式並不是提出問題，而是先給出一個很爛的答案，如此一來，就會有眾多高手跳出來熱烈地討論、引用具體範例來糾正你。我喜歡的一首歌裡，有句歌詞是『缺口就是光的入口』。如果沒有不完整的草圖，就沒有甚麼東西可以激勵我們變得更好。」

唐鳳提到的歌詞，是她每一次接受媒體採訪或演講之際，被詢問有沒有甚麼心得可以跟大家分享的時候，必定會引用的加拿大創作歌手兼詩人李歐納·柯恩的歌曲〈Anthem〉（「讚美詩」的意思）中的一小節。

"There is a crack in everything. That's how the light gets in."

（萬事萬物都有缺口，缺口就是光的入口。）

（摘錄自：Leonard Cohen〈Anthem〉。）

相對於被世界讚揚為「防疫優等生」的臺灣，日本不僅無法有效遏止新冠肺炎的疫情持續擴大，政府更因此反覆多次地發布緊急事態宣言，而國家的醫療體系也因為無法應付龐大的感染者人數開始崩壞。儘管如此，東京奧林匹克運動會的組織委員會似乎還將奧運會的舉辦優先於人命之上，而提出從醫療現場向比賽會場「派遣五百位護理師志工」的要求，激起了日本民眾的猛烈批判。另一方面，大家也開始意識到，這種情況便是因為人民在選舉之後就不關心政治、將所有事情都交付給政府去做的後果。與此同時，唐鳳所說的「缺口就是光的入口」之語，帶給了許多日本人希望及勇氣。

因新冠肺炎疫情之災而轉變的臺灣「存在感」

就我長年住在臺灣、從事日本媒體相關工作以來的心得，說來有點遺憾，大多數的日本人對臺灣抱持的印象，還是停留在十年前的狀態，且幾乎沒有更新的機會——簡單來說，大概就是「臺灣很親日、物價便宜、氣氛悠閒，是類似以前的日本的懷舊之地」，這樣的刻板印象在日本人的腦海裡根深蒂固。然而，自二〇一一年便移居臺灣的我，實際看到的卻是臺灣持續以驚人的速度不斷變化，因此，對於臺灣的真實現況和日本人心中的刻板印象之間的鴻溝，我一直感到很沮喪。

在不久之前，當我向日本媒體提案「向臺灣學習」主題的企劃時，被否決提議了好幾次，原因是「要日本向臺灣學習，感覺好像怪怪的」。然而，這場意料之外的世界性災難，卻成為了大幅轉變臺灣印象的契機。

我第一次和唐鳳見面，是在二〇一九年的十月，當時是為了撰寫日本Yahoo!新聞的特集記事〈唯有國民的參與，才能有效推進政治——向三十八歲的臺灣「數位大臣」唐鳳請益〉（二〇一九年十二月刊登）而邀約唐鳳進行採訪。在該篇特集記事上刊的十二月之後，就發生了讓世界面臨巨變的事件——新型冠狀病毒肺炎的大流行。

在新冠肺炎疫情開始蔓延之際，臺灣在極早的階段（二〇二〇年三月）便成功地阻止了病毒感染的擴大，不只被讚揚為「防疫優等生」，同時還打著「Taiwan Can Help」的口號採取支援行動，對外捐贈各國口罩與防疫物資等等，向世界展示了巨大的存在感（即使是沒有正式邦交關係的日本，臺灣也透過民間管道捐贈了醫療用口罩等物資）。

在那之後，日本媒體便紛紛要求我多多介紹臺灣的各種面貌，而我也開始能夠以投稿、上電視與演講等形式來分享臺灣的點滴。我將此變化視為促使日本社會前進的重要契機，因為我相信「察覺到與他者之間必須彌補的差距，才正是成長的開始」。而如果其中有我能貢獻一己之力的地方，我當然也想積極地採取行動——在疫情的期間，我抱持著這樣的想法一路走過來。

抱持著「自己可能是錯的」的心態

07

破繭思考
BREAKING THINKING

AUDREY TANG

START

在網路已滲透到我們生活中每一個角落的今日，我們經常會接收到別人的意見。就我自身而言，我認為他人和自己有不同的意見是理所當然的，且不同的意見越多越好。然而，當我看到自己親近的人抱持著歧視他者的態度，或是說出攻擊他人的言論時，卻常不知道該如何應對，有時也會當作好像甚麼都沒看到一般讓事情過去。

我向唐鳳提起這種狀況，她笑著說：「我啊，至今從未看過跟我抱持完全相同的價值觀的人。」

「就我個人而言，我知道下次遇到那個人時的話題增加了。我不覺得自己要去說服跟我抱持不同意見的人。就像我的思維受限於我的視野一樣，他人看到的只是一個不同的世界而已，這是對話時應有的基本概念。另一個人或許看到了我看不到的東西，或者另一個人的想法可能更有道理。我一直都抱持著『自己可能是錯的』的心態。」

唐鳳的這句「我一直都抱持著『自己可能是錯的』的心態」，又再次使日本人大感震驚，因為在政治圈、大企業等領域都非常重視學歷傳統的日本，很難想像一位大臣會抱持著「自己是錯的」的心態。

在唐鳳的心中，始終抱持著「不拋下任何人」及「聲量微小者的意見，更要注意側耳傾聽」的想法，她以「兼容並蓄」的精神來執行公共事務。

她說：「正因為我一個人的眼界有限，所以更需要廣泛聆聽和瞭解社會上正在發生的事情。」除了行政院的辦公室之外，她也在自身創立的「社會創新實驗中心」（Social Innovation Lab）設立辦公室，提供每週一次的開放Office Hour（預約制）。前來拜訪的人可說是各式各樣，從孩子到年長者都有，任何人都能與唐鳳面對面地交換意見，這在臺灣已經是廣為人知的一件事。基於唐鳳對於「完全透明」的重視，開放Office Hour的過程會全程錄影，並公開發布於網路上。

如同唐鳳所言：「『社會創新』發生的地點，並不限於臺北。如果你要求第一線人員『來一趟行政院』，也只有少數的代表人員可以前來，但若換成我前去第一線的現場，就可以見到所有在做『社會創新』的人。」因此，她以「社創巡迴」的方式頻繁地四處走訪。舉行座談會時，也能以Live視訊的方式聯繫各縣市的在地據點，達成超越地域限制的互動交流。唐鳳不只是在線上與網友互動，也實際走入人群面對面地對談，廣泛聽取民眾的意見。

同時，她也公開提倡「寬頻網路是一種基本人權」，就連現在臺灣正在推進的5G（第五代行動通訊技術）也是，應該要優先在離島或山區等偏鄉地區普及——正因為這些場所的位置偏僻，才更需要快速且穩定的網路。

「只要有5G，我們就不再需要城市的概念了。」唐鳳笑著說道：「因為這是基於人權的建設，不應該只看成本效益高不高。而為了導入5G，也需要創新的研發技術。」日本社會大多只專注在「DX」（Digital Transformation，數位化轉型）的議題上，不過，也有許多人開始察覺到，這種「兼容並蓄」的精神正是我們日本人應該追求的態度。

反抗就是浪費力氣

A U D R E Y
T A N G

START

我過去採訪舉薦唐鳳進入政府的蔡玉玲前政委時，她說：「唐鳳的思維雖然非常wild，但她用的手段是溫和的，她不會訴諸暴力去做反抗，而會保持禮貌。」當時蔡玉玲前政委也提及應該是受到家庭教育的影響，我將這些話轉述給唐鳳。結果，唐鳳的臉上浮現笑容，回答：「恐怕跟家庭教育沒有甚麼關係喔！我想單純只是我身體不好，沒辦法做出太過情緒化的言行舉止而已。」

「我只是一直在挑戰新事物，並不是在反抗舊事物。對我來說，反抗就是浪費力氣。不管是教育改革或是做甚麼事情，都只是去做應該要做的事情而已。如果舊體制的人想要追趕上我們，那當然很好，但如果他們不想，也跟我無關。反抗就像是去對抗眼前的一面高牆，但我已經站在那面牆之外了，所以我不需要推倒牆。」

那如果被對方攻擊呢？

在臺灣一般會提到EQ概念的情況，雖然強度上各有差異，但是大多數都是在「被別人攻擊」的時候。有時即使我們盡可能地尊重對方，但世界上還是有許多不擇手段、口不擇言的人。

在我的採訪過程中，唐鳳有時候也會中斷回答，改提供一些參考網址以回應我的提問，她說明道：「不是不尊重妳，只是節省我們彼此的時間，所以我這樣做喔。」像這樣尊重對方的人，如果受到他人不尊重的言行對待，會如何處理自身的情緒呢？至少對我而言，這是很困難的事情。

「我的話，首先會跟該情境拉開物理上的距離，之後睡得比平常更多好幾個小時。話說，之前社會上在掀起關於《勞動基準法》的抗議運動時，某次我在臺上演講，就遇到臺下的學生衝上講臺準備進行抗議行動。我當時稍微跟他們拉開一些距離，而他們則正準備要宣讀抗議文，我對他們說：『借我看一下。』並在將抗議文拿過來之後，在臺上代替他們宣讀出來——因為我已經代替他們把抗議文唸出來了，他們因此突然失去了上臺抗議的意義，一瞬間有點不知道該怎麼辦才好的樣子，於是最後我們就以拍照留念的方式作結。這也可以說是一種拉開距離的方式吧。」

「真是創新的應對方法啊！」我說。而唐鳳又繼續說道：「他們認為自己是雞蛋，而我是站在高牆這一方的人，沒想到我卻在那一瞬間跟他們站到同一側，所以他們都露出非常驚訝的樣子。」

敏銳的讀者應該已經察覺到了，唐鳳的這段話是引用自村上春樹於二〇〇九年二月時，獲頒以色列最崇高的文學獎「耶路撒冷獎」的演說〈牆與蛋–Of Walls and Eggs〉內容。那是一場相當精彩出色的演說，村上春樹說：「在巨大堅實的高牆和撞牆破碎的雞蛋之間，我永遠都站在雞蛋這一邊。」唐鳳的修養總是如此突然地在這些言行細節之間湧現，令我深感著迷。

擁抱酸民

破繭思考

BREAKING THINKING

09

AUDREY TANG

START

英文的網路用語將經常在網路上刻意發表具煽動性、令人反感的言論的人稱為「Troll」（網路小白、山怪）；中文又稱為「酸民」，而日文則稱為「荒らし」（破壞者、搗亂者）。「這只是我個人的休閒娛樂，我沒有要推薦給任何人的意思。」在此前提之下，唐鳳分享了她「擁抱」酸民的方法。

「假如，某人所寫下的一百字留言裡，有九十五個字都是人身攻擊，我就只會去看剩下的那五個字。其他的話我會當作沒看到，並只針對有建設性的部分禮貌地做出回覆。這種做法可以讓酸民慢慢地開始理解並思考：『一味情緒化地發言，並無法引起對方的注意。那麼應該採取甚麼樣的態度、做出怎麼樣的發言才好？』如此一來，他們也會成為社群的一員。」

只有主流的世界是可怕的

不只是在日本或臺灣，全世界都面臨著一個相同的難題，那就是「網路所造成的同溫層效應，使得各社群之間出現分裂、彼此排除的狀況」。關於這點，唐鳳是這麼說的。

「自網路誕生以來，溝通就變成是雙向的，我們可以利用網路搜尋並找到和自己價值觀相同的人們。尤其『#』（hashtag）的出現，更是將人與人連結起來的絕佳里程碑。即使是比較小眾的次文化，也能夠從世界各地找到夥伴。」

「只有彼此之間相互瞭解的群體——用中文來說就是『同溫層』——也是必要的吧！如果說只在一個社群內就做出結論是很危險的，也可以各個社群都派出二人——之所以是二人，其實是有數學根據的——相互交流，打造出不同文化之間的溝通橋梁。在眾多的社群之中，沒有誰才是唯一的主流。我認為只有主流的世界是很可怕的。」

努力在分裂之中創造對話

試圖在分裂之中創造對話的並不只有唐鳳一人，還有自二〇一二年公民黑客社群「g0v」創立之際就參加的王向榮，以及二〇一五年加入的林立，他們兩人現在正在進行的，就是活用數位工具使政治立場迴異的陣營之間開啟對話的「多粉對談」計畫。

面對全球持續面臨的「社會分裂化」難題，這是一個試圖以少數人藉由科技工具解決問題的嘗試。最一開始是在二〇二〇年臺灣總統大選之際，由住在海外的臺灣人文翔所發起的實體對談活動。

在二〇一九年八月進行的第一次對談，有將近六百個人報名參加，引起了相當大的關注，連臺灣的公共電視新聞臺都前來採訪。在「是否應該與中國有更多經濟貿易合作」與「是否贊成年金改革」等議題上，讓意見相左的兩人互相傾聽對方的想法，並且不流於情緒化、理性地闡述自身的意見，最後便會發現參與者的回饋大多是「和原本的印象完全不一樣，其實彼此之間有部分的想法是相同的。之後也想私下與對方繼續更多的對話交流」這類的感想。

身為參與者之一的林立，希望能以數位化的方式來實施這個活動，因此將此案帶進「g0v」討論，而王向榮也加入一起執行。針對該專案，兩人利用Facebook Messenger APP來進行開發——希望參加者只要回答幾個預先準備好的簡單問題，就能自動被配對並找到對談的對象，而之後就可以利用通話直接進行對話。

「g0v」的口號是：「不要問為甚麼沒有人做這個，先承認你就是『沒有人』吧！」在這個社群中每個人的態度都是：「遇到事情，動手去做就對了。」如果不會寫程式，也可以提供想法、規劃執行專案，只要找到自己可以貢獻的地方來參加就好。

不只唐鳳，許多的臺灣朋友也是，為了使這個民主社會更加美好，而日日持續創新。看見他們這樣的姿態，也讓日本人再次體悟：「所謂的民主社會，就應該是這樣才對啊！」

CHAPTER
01

CHAPTER
02

CHAPTER
03

CHAPTER
04

收件人：自己

副本：過去的自己

標題：屬於我的破繭思考

第二章

深受教育與背景影響的想法

入閣後，唐鳳以開放Office Hour或巡迴等方式聽取民眾的意見，並且十分重視「不拋下任何人」、「兼容並蓄」的精神。我認為，這或許也與過去她所受的教育及成長背景有關係。

想法才是主角

轟動日本的「天才數位大臣」唐鳳，
打破框架的30種破繭思考。

CHAPTER TWO

教育結構的問題，最受到影響的是孩子們

AUDREY TANG

START

在我因採訪而與唐鳳碰面前，幾乎將臺灣網路上關於唐鳳的資訊都看遍了，大部分的報導都寫道「唐鳳小時候經歷過嚴重的霸凌」，因此在採訪之前，我逕自認定她過去的生活是極為痛苦的，並且為她的遭遇感到相當心疼。然而，在採訪之際，唐鳳卻微笑著、輕描淡寫地這樣說：

「關於霸凌的傳聞並不完全正確，損害學校、老師或同學的名譽也很不好意思，所以我一定要修正過來，我被霸凌的時候只有小學二年級那一年。我讀過三間幼稚園、六間國小，還有一年的國中，在這十年之間總共讀了十間幼稚園和學校。因為只要發生了甚麼事情就馬上轉學，所以並不是求學時都處在一直被霸凌的狀況。轉學的理由，有部分也是因為我自己不適應的關係。」

那麼，所謂的不適應，是甚麼樣的狀況呢？

同學的那句「如果你死掉就好了」

根據唐鳳母親的著作，在小學一年級的數學課上學加法時，發生了這樣的狀況——當時老師正在教「1+1=2」，結果唐鳳卻跟老師說：「不一定，這應該要看進位才對。如果是二進位，1+1就不會等於2！」文章中也寫到老師實在招架不住而向父母抱怨的場景：「小學一年級教的內容都一定是整數，結果唐鳳又突然提出負數的概念，實在很令人困擾。」

最後，每當到了上數學課的時候，老師就會叫唐鳳去圖書館自己看書，或是去做倒垃圾之類的雜事。到了二年級時，他轉學去某間有資優班的學校並進了資優班，班上都是成績優異的同學。

母親預想，在進入資優班之後，唐鳳的學校生活應該會變好。然而現實並非如此，當時這類特殊的班級才剛設立不久，學校尚未掌握資優教育的做法，而學生之間也常相互嫉妒、惡性競爭，結果只是讓唐鳳更加痛苦。

一位同學對他說的惡言，正是當時教育問題的深刻寫照。

「為甚麼你不死掉？如果你死了，我就是第一名了。」說出這番惡言的同學，只要拿不到第一名，就會被父親打。

「我後來轉學走了，說不定那位同學真的考第一名了。但並不是因為他的學習成果變好而考了第一名，只是因為原本的第一名不見了，所以自己才變成第一名而已。」

唐鳳回顧當時，略帶悲傷地苦笑。

「但是，這並不是那位同學的錯，沒有一個七、八歲的小孩，天生就會在那邊比賽第一名、第二名，沒有這樣的事，這是結構的問題。當時的教育讓孩子們彼此比較、相互競爭，而家長之間也會拿自己的小孩跟別的孩子比較，而最後最受到影響的就是孩子們。我在小學二年級時休學半年的期間，領悟了這個道理。」

聽聞這番話，我只能點頭深表贊同。當年的唐鳳還只是一位小二生，在生活中遭遇嚴重的霸凌、被同學說「去死」，而在這種情況下竟然還能夠如此冷靜地分析，實在不簡單。只是，當時的唐鳳對於要如何療癒自己傷痛的心，還是毫無頭緒。

這些有關唐家的故事，都記載於唐鳳母親李雅卿於二十四年前出版的手記《成長戰爭》裡。《成長戰爭》非常有名，因此多數臺灣人都已經知道了這些故事。而我因為覺得這些故事肯定會鼓勵到如今正感痛苦的日本人，因而榮幸地在二〇二一年底在日本出版介紹《成長戰爭》的書籍《唐鳳母親的手記「成長戰爭」：與自己，也與世界和好》（原書名為「オードリー・タン 母の手記『成長戦争』自分、そして世界との和解」；日本KADOKAWA出版）。

只有親身經歷痛的人
才有講話的資格，
其他人不能說「你不痛」

破繭思考

BREAKING THINKING

11

A U D R E Y

T A N G

START

從小學休學，與世界絕交

某天在小考時，同學要求唐鳳幫忙作弊，他拒絕了，卻被四、五位同學追趕，肚子還被重重地踢了一腳，最後昏了過去。那天晚上，唐鳳在洗澡時叫母親過來，讓她看自己瘀青的肚子，訴說道：「媽媽，妳看。這樣妳還要叫我去學校嗎？」深感訝異的母親終於說道：「不用了，媽媽不要你再去上學了，你回來好了。」

當時唐鳳的精神已被逼到絕境，甚至開始出現了自殺的念頭，因此母親總是再三地叮嚀唐鳳，外出時絕對要跟家人交代去向。然而，某天他卻突然消失了。母親拚命地尋找，終於發現唐鳳在路上遊蕩的身影，母親將他帶回家後徹底崩潰了，就用手上碰巧拿著的竹叉敲打唐鳳的身體，一邊如孩子般地放聲大哭：「你怎麼可以？你怎麼可以離開媽媽？」

唐鳳的母親如此形容當時的情景：「宗漢可能從來沒有想過我會打他。他看著我的眼神，我這輩子都忘不掉——那麼空洞，那麼無情！」

「家庭大戰」的開始

就這樣，母親為了挽救沮喪失意的唐鳳而支持他休學，然而親愛的丈夫和當時同住的公婆卻激烈反對，於是上演了「家庭大戰」。她每天都與丈夫爭執，晚上則抱著做惡夢的唐鳳睡覺，連過去關係不錯的婆婆也嚷著要回自己的老家……日復一日地過著艱難的生活。

另一方面，唐鳳本人也持續過著痛苦的日子。祖母問他：「所有人都去上學，為甚麼你不去上學？」唐鳳回答她：「阿嬤，如果所有人都死了，我是不是也要去自殺？」

唐鳳回顧過往時，說道：「當時的老師常說『我們必須培養韌性』，就是碰到不好的狀況時，要有克服它的能力，就像在臺灣也有句諺語說『吃苦當作吃補』。但是，如此鍛煉出來的真的是韌性嗎？或者其實是奴性呢？這是很難區分的一件事。所謂『習得的無助感』（Learned helplessness），就是一旦在感覺自己無能為力之後，這種無能為力的感覺就會伴隨一輩子，就算未來有一天有機會去改變不公平的世界，也會像一隻已經被關在籠子裡太久的鳥，籠子打開了也飛不走，變得甚麼事情都辦不到。

當時的我，已經超過了極限。就像過度訓練肌肉會受傷⋯⋯如果損及韌帶或骨頭，說不定一輩子都很難復原。我覺得當時學校的情況，已經超過我的極限。」

父親的「撤退」

從那個時期開始，唐鳳對父親逐漸採取反抗的態度。

「對於我當時的態度，或許會想用『叛逆期』來形容，但我當時才九歲而已，所以好像也不能用一般的青春期叛逆來解釋。而且我只有對父親一個人感到生氣，所以只有在面對他時採取反抗的態度，但是對於父親之外的所有家人，我都不會覺得不高興。而那份不舒服的情緒也並非只是一個時期、等時間過去就自動結束掉了，所以不是所謂的『叛逆期』。

至於我為甚麼要對他採取忤逆的態度呢？其實理由是很明確的。因為一個人覺得『痛』是主觀的現象，只有經歷到那個現象的人才有講話的資格，其他人不能說『你不痛、你這個痛苦不是真的』。當時父親認為『去學校並沒有像你覺得的那麼痛苦』而要求我繼續去上學，但他這句話本身無疑是矛盾的，所以我必須讓他知道這件事。」唐鳳如此回顧當時的狀況。

然而，當時尚未意識到這點的父親，做出了大膽的行動。他對妻子放話：「我走了！孩子就這樣交給妳了，以後妳要負全部的責任！」語畢，他隻身前往德國留學攻讀博士。這令人不敢置信的發言不只令我驚訝，唐鳳的母親當年似乎也對此感到怒不可遏，但另一方面，她也轉念一想：「我完全瞭解，在我這麼不容退讓的情況下，他完全使不上力也插不上手，只好發揮撤退的智慧，以免加劇父子的衝突。」

在德國留學的父親以航空郵件和母親通信，彼此詳細地訴說自己這邊的狀況；同時，他也和兩個兒子分享在德國的所見所聞。柏林圍牆被推倒的時候（一九八九年），他親身到現場見證，並且將拍攝的照片和柏林圍牆的碎片寄回臺灣給孩子。從那之後，父子之間終於又慢慢地重啟對話。

「大概是從那時候開始，父親的態度轉變了。後來就沒有再那樣子對我講一些例如『你的感覺是沒有意義的』、具有壓迫性的話。」唐鳳回想當時說道。

「有人能夠肯定自己的感受非常重要。尤其人的感受或情緒是相當複雜的，不太可能可以完全地講出來或寫出來。所以當時的我到底經歷了甚麼事情、心中有怎麼樣的感受，其實都沒辦法很好地訴說或表現出來。這時候，很需要有一個人跟你說『我肯定你這個感受是真的』，只要這樣就可以了。不去否認我的感受，我的感受才有可能慢慢平復；倘若一開始我的感受就被否認，我就無法與外界溝通了。」

「所以，母親願意肯定我這樣子的感受，這是很好的一件事。」

我想，現在的唐鳳之所以在做任何決策時都特別重視要貼近人心、顧慮不要忽略社會弱勢或少數派的意見及聲音，絕對不僅僅是因為她是跨性別者而已，必定也與她過去一路以來的經歷有所關聯。

自己過去遭受過比較不好的對待，讓我可以有一些貢獻

12

AUDREY
TANG

START

父親前往德國之後，母親專注於療癒唐鳳傷痛的心，在那個過程中，唐鳳與許多優秀且傑出的教育者相遇，將他從傷痛中拯救出來。

這時，有人向母親推薦全校學生只有約六十人的直潭小學，而當時的校長也獨具慧眼，特別讓四年級的唐鳳跳級到六年級的班級就讀，並且一週只需到校三天去認識同學、交朋友，其他日子則安排唐鳳去臺灣大學、師範大學與毛毛蟲兒童哲學基金會等地方，由許多傑出的教育者們引領唐鳳學習。母親回顧唐鳳在直潭小學度過的一年光陰，是一段「母子的黃金歲月」。

在跳級就讀六年級的唐鳳即將畢業之際，雙親非常煩惱他之後該何去何從。此時，師範大學的楊文貴教授提議：「要不乾脆到爸爸在的德國去生活看看？」母親於是帶著兩個兒子啟程，前往丈夫居住的德國會合。

如此一來，又再次回到一家四口的生活。在德國的日子過得相當愉快，生動靈巧的異國見聞紀錄，都收錄在唐鳳母親的著作《天天驚喜》一書中。

在那之後，唐鳳成為當時居住區域內程度最高的明星中學內第一位特別錄取的外國人；隨後，又有一位在德國認識的友人希望將唐鳳帶到美國名校就讀，雙親雖然感到開心，卻也相當猶豫。

就在這個時候，唐鳳的心臟又再次發生狀況——由於他的身體急速成長，使得原本癒合的心室又出現了裂縫。對著正在廚房忙碌準備住院物品的母親，唐鳳冷靜地說：

「媽媽，我聽到阿姨（作者補充：想要帶唐鳳去美國讀書的母親友人）和妳的談話，也聽到爸爸和妳的討論了。我告訴妳，我不要去美國，也不要在德國，我要回臺灣，我要在自己的土地上長大。」

母親一下子傻住了，手裡拿著的菜刀還差點掉下來，她說：

「你開甚麼玩笑？所有的路都安排好了，現在你說要回臺灣？你開甚麼玩笑？」

但是，唐鳳很認真，不像是在說笑的樣子。

「以前我來德國，是因為小學無處可去，你們說來陪爸爸唸書，順帶看看外面的世界。現在好了，你們不但要把我留在德國，還打算把我送到美國，那我到甚麼時候才能回到自己的國家呢？」

母親直視著唐鳳的雙眼，不自覺地提高了音量。

「那樣的國家，不回去也罷！你回去是六年級，馬上就要唸國中，國中有多可怕你知道嗎？我受夠了，我不要回去！」

唐鳳回答道：

「媽媽，我在臺灣時，連跳兩年級到六年級的班上唸書，常常覺得秀才遇到兵，有理講不清。現在我到德國來，降了一年級讀書，卻常常覺得同學比我成熟，也比我會處理事情。德國的孩子沒有我聰明，他們也不比弟弟或臺灣的孩子們聰明，可是他們比我們有自信，長得比我們好。我常常想，為甚麼臺灣的孩子要那樣長大，而德國的孩子卻可以這樣長大？我要回去，我要回臺灣去做教育改革！」

唐鳳母親聽到孩子的這一番話，心中充滿羞愧。

「一個十一歲的小孩說他要回臺灣去做教育改革！而我一個四十歲的母親，竟想逃離家國、永遠不要回去！」

那天，母親和父親都徹夜未眠。兩天後，母親買了三張機票，帶著唐鳳和弟弟動身回臺灣。

之後，唐鳳在臺灣接受心臟手術，由從唐鳳出生兩個月時就一直治療他的主治醫師執刀，並在術後順利地恢復了。

話說到此，大家一定都會感到疑惑——這個時期的唐鳳，為甚麼會希望回到臺灣？究竟是怎麼一回事？她如此回答我：

「雖然當時臺灣的醫療技術非常好，基本上那種心臟的手術幾乎不太會失敗，但其實也有可能死於併發症。如果要死掉，那就要死在出生的地方，這種方式在心理上是比較安全、安心的。而假設我沒有死掉，我也不用再擔心身體不好了，感覺就像在這邊重生一樣。

從那時開啟的『身體不再虛弱』的人生，讓我開始思考——自己過去曾遭受過比較不好的對待，那我可不可以有一些貢獻？因為我知道那種不舒服和痛苦，或許可以做些甚麼，讓其他的小孩不要再遭受到同樣不舒服的感覺。在臺灣，還有我可以貢獻一己之力的地方。」

網路上完全沒有社會劇本

13

破薾思考

BREAKING THINKING

AUDREY

TANG

START

統合內在的不同人格

那是唐鳳國中三年級時的事。唐鳳告訴母親：「我想找個地方閉關。」一問之下，他表示：「我的內在有三個人格。一個是過著日常生活的『宗漢』（作者補充：唐鳳以前的名字）、一個是寫詩創作時的『天風』，另一個則是在電腦世界的『Autrijus』（作者補充：唐鳳以前的codename）。這些不同的性格卻住在同一個身體裡面，彼此尚未調和，所以需要找一個安靜的地方，好好地整理一下。」

唐鳳的母親在自然豐饒的烏來借了間小屋，讓唐鳳一個人在此獨處、閉關。唐鳳以母親準備好的糧食打理三餐，度過了數日的時光。

「對我來說，如果我要寫詩或寫程式，就像是要創作出一個作品。創作時的我，與放鬆跟人相處、開心聊天的我，確實是完全不一樣的狀態，以前的我很難從一種狀態切換到另一種狀態。此外，我在網路上的互動方法也跟面對面溝通時不一樣，當時的網路文化，大部分都是基於其他國家的文化而來，也可以說網路有自己的文化，所以如果將網路文化裡的表現方式拿到實際生活上來互動，大家就會覺得我很奇怪，反過來也一樣。」

當時，唐鳳帶著《微軟陰謀》（作者：單中杰、戴凱序／出版：資訊人文化事業公司）（作者補充：日後唐鳳自己創業之後，也涉足出版業）這一本書去閉關，並反覆閱讀了好幾十遍。該書描述了兩位作者將網路文化與自身在現實世界的生活進行結合的嘗試，而他們也面臨了相同的狀況，並分享了成功克服該狀況的體驗。

就這樣，他一邊讀著這本書，一邊成功地統合了內在的不同人格。

我跟她說：「這種事情大多都要尋求精神醫學的專家協助才能進行，妳靠著自己一個人整理出來啊！」唐鳳回應說：「妳說得沒錯，那本書也算是一種專家。」

唐鳳母親的書中寫道，自唐鳳閉關返家之後，不只是「耳識（作者補充：傾聽之心）大開」而已，而是整個人都起了變化，比以前柔軟許多，變得相當「女性化」。

我詢問唐鳳：「此時的人格統合和決定成為跨性別者之間有甚麼關係嗎？」

唐鳳回答道：「在日常生活之中，社會或許會根據人們的性別而給予不同的表現與期待。但是，在網路世界中的相處，或是寫程式之類的創作時，性別不但沒有意義，甚至經常是自我限制。我只是從那個時候開始比較願意聽別人說話；以前和別人講話的時候，我會講得比較多，但閉關之後，我只要講一點點就會先停下來，換成開始聽對方說。

那是因為，我不覺得自己一定要說甚麼去說服別人，或是去影響別人。在現實社會中，會有『領導者』或『一家之主』之類的角色，每個人都有自己的角色要去扮演，但在網路上完全不是如此。大家在網路上比較平等，也比較不需要用社會的劇本去彼此限制。當時我想，隨著網路的普及，這樣的文化某天也會慢慢成為主流的文化，所以從那時起，我就決定不再去擁有兩個或三個人格。即使和其他人不同，我也只想保持自己原本的樣子，也可以說，是讓自己的內在和外在一致化。所以，如果在現實生活中碰到不熟悉網路文化的人要求我去扮演某種社會角色，我反而可以介紹對方認識這個比較平等、沒有限制的新文化。」

跨性別者貼近所有的立場

當我提問「據說妳是世界上第一位跨性別的政府內閣成員，妳是從甚麼時候開始意識到自己是跨性別者？」和「身為跨性別者，對妳的工作有甚麼影響嗎？」的時候，唐鳳回答我：

「是在我二十歲出頭時去測量雄性激素的濃度，發現自己處於男女中間值的時候。我的父母在教育上不會特別強調『男生應該怎麼做、女生應該怎麼做』，所以我對於性別一直沒有抱持特定的看法。十二歲時進入網路世界也是，我沒有被問過該被稱呼為何種性別。我十幾歲時經歷過男性的青春期、二十幾歲時經歷了女性的青春期，我不認為自己只屬於男性或女性的那一邊。」

「身為跨性別者，在思考事物時比較不會被男女的框架束縛，比起大部分人的自由度更高。好處就是，能夠貼近所有的立場。」

任何權威都可以被質疑

14

A U D R E Y

T A N G

START

對於唐鳳而言，家人的存在具有何種意義？她如此回答：

「我父親教會我一種『態度』——面對任何權威，都要先瞭解對方為何是權威，而不是因為是權威，就不去質疑他。任何權威都是可以被質疑的。就算對方講的內容聽起來很有道理，也還是要質疑該內容『是在甚麼前提之下而有道理』？質疑不一定是在攻擊對方，其實也是在提醒並幫助對方。

從我很小的時候開始，父親跟我討論事情都是採取這種態度，這是所謂蘇格拉底式的對話方法。抱持著這樣的態度，別人就不可能灌輸你任何的『教條』。這種態度成為我的疫苗或抗體，讓我在未來不會盲目地崇拜，或成為狂熱的信徒……這在教育上對我而言是很重要的影響。」

「我母親則是教會我溝通與表達的重要性。母親的文字能力非常好，難以理解的事物，經常只要透過她的文章，大家就可以理解了。這對她來說或許相當簡單，但其實這是很不容易辦到的事情。她教會我，要能將自己的感受從我的心智裡轉換成文字去傳達，如此一來，本來只對我一人有意義的人事物，就會對大眾具有公共的意義。」

「我弟弟則讓我變得比較開朗。我的身體從小就非常不好，在跟弟弟一起長大的路上，我發現『身體很健康的小孩在碰到陌生人或陌生的環境時，並不會先確保自己會不會受傷，或確保自己的身體能夠承受，而會很高興地去到陌生的環境玩，也很願意與陌生人相處』。他讓我知道——相信陌生人很好，這件事沒有甚麼不好。」

「我的爺爺和奶奶從小照顧我。爺爺是從四川來臺灣的，而奶奶則是在臺灣土生土長的彰化鹿港人；爺爺說著一口四川腔的國語，而阿嬤通常是說臺語。當時我爸媽希望我能在雙語的環境中成長，並且將兩種語言都學會，但在上小學後，因為當時的學校禁止使用臺語，所以我的臺語在六歲以後就沒有進步了。這是很不幸的情況，但我們這一代跟上一代的人都是如此（作者補充：現在的國小有「本土語言」課程，孩子們可以透過該課程學習閩南語）。

奶奶和從四川來臺的爺爺結婚後就一直住在眷村，那是給外省人居住的社區。他們結婚的時候，二二八事件（一九四七年）好像才剛發生兩、三年，當時是本省人和外省人關係最不好的時期，因此那也是一段很不被看好的婚姻。

爺爺和奶奶的共同點是他們都是虔誠的天主教徒。小時候我常聽奶奶唸玫瑰經，也常看她數著玫瑰經的念珠，她教導我《聖經》的內容——凡事要包容、相信、盼望。無論面對何種背景的人，無論再怎麼無法彼此理解，但在上帝的眼中全都是神的羔羊，沒有好壞之分。這個想法對我也有很大的影響。」

關於和父母一起參與臺灣的教育改革一事，唐鳳表示：

「面對不愉快的事情，要不選擇對抗，要不選擇逃跑，這是生物的兩種本能——在碰到看起來比自己強大的對手或具有威脅性的狀況時，生物的反應就是：『要戰鬥嗎？還是逃跑？』但其實還有其他新的做法，就是『去改變那個環境，讓類似的事情不會再發生於未來』。

在我八歲時欺負我的那些同學，他們並非天生就喜歡欺負他人，也並非生來就品格不好。孩子們怎麼知道考卷上的分數代表著甚麼呢？一定是因為受到家庭的逼迫。這是結構性的問題，因此就算公布他們的姓名、貶低他們，也沒有任何的好處，因為下次還是會發生類似的事情。

我在二〇一五年時加入教育部教育課程發展委員會，參與了『十二年國民基本教育課程綱要』的修改，我主張只要有『個別化學習計畫』（Individualized Educational Program，簡稱：IEP），每個孩子都能夠是第一名。無論是欺負他人的人，或被欺負的人，大家的學習計畫肯定都不一樣。

既然不一樣，就沒有必要去區分好壞，未來也就不會再有誰因為同學的成績比較好，而被家長譴責，或甚至因此而回過頭去霸凌另一個人。

無論是我母親為了實踐實驗教育而創辦的『種籽親子實驗國民小學』、我父親創辦的社區大學（唐鳳的父親唐光華在一九九八年回臺後創辦了『文山社區大學』，是臺灣第一間推動終身學習理念的社區大學），或是我自己參加的十二年國教課程發展委員會的課綱修改會議，其實都秉持著同樣的想法——我們過去曾遇過不舒服的狀況，希望能藉由改變這個結構，讓遭遇同樣痛苦處境的人少一些。現在跟家人見面時，也會聊聊實驗教育、終身教育和國民教育要如何結合在一起。」

「能夠一起聊聊這些事情，您的父親、母親有沒有很開心？」我問唐鳳，而她一如往常、從容地回答：「有呀！很開心。」

CHAPTER
01

CHAPTER
02

CHAPTER
03

CHAPTER
04

收件人：自己

副本：過去的自己

標題：屬於我的破繭思考

第三章

令日本羨慕的創新想法

就任行政院政務委員之後，唐鳳立即賦予自己三個任務：「社會創新」、「青年參與」和「開放政府」。唐鳳的多項先進的政策，令許多日本人相當欣羨臺灣。

想法才是主角

轟動日本的「天才數位大臣」唐鳳，
打破框架的30種破繭思考。

CHAPTER THREE

有了網路之後的教育方式應該跟著改變

15

破繭思考

BREAKING THINKING

A U D R E Y
T A N G

START

「因為自己在這樣有問題的教育體系中遭遇過痛苦的狀況，因此想要改變臺灣的教育。」

在唐鳳及她父母的心中，一直抱持著這樣的信念。唐鳳從國小二年級時，就開始思考臺灣傳統教育體系中存在的結構性問題，因此在十二歲時向母親表示「要回臺灣做教育改革」。在她實際參與的教育改革工作之中，有一項對臺灣教育產生重大影響的項目，就是她在入閣前所參加的二〇一五年的「課程綱要大修改」。

教育部於二〇一三年進行的「普通高級中學語文及社會領域課程綱要微調」，引發了後續課綱的大修改。雖然當時名為「微調」，但實際上在社會科歷史中有關「臺灣史」的部分，卻修改了多達三成以上；而在用詞方面，社會科課綱中使用的詞彙也明顯地被修改成不同的定義，因此當時在社會上引發了極大的爭議。

唐鳳回憶道：「為了那個『微小調整』而進行的會議，連參與的成員名單都沒有公布，也沒有會議紀錄，完全可說是黑箱作業。」

那部課綱因此被稱為「黑箱課綱」，許多國中生、高中生，以及部分的地方政府和學校紛紛公開表示拒絕使用該課綱；二〇一五年七月五日，將近五十個學生團體、約一千三百人走上街頭抗議。此後的抗議行動不斷，示威者衝進教育部且多人遭警察逮捕；同月三十日，曾被捕的其中一位成員、名為林冠華的高中生因抗議而自殺身亡。這起事件馬上成為臺灣全體社會關注的頭條新聞，政府也因此被迫做出回應。

「當時，主責擬定課程綱要的國家教育研究院（隸屬於教育部之下）的公信力變得很弱、失去了國民的信賴，因此必須重新檢視和修改十二年國教課綱。的確，在林冠華過世後的一、兩天，當時的國家教育研究院院長柯華葳與我聯絡並請我幫忙，希望讓國民瞭解他們這麼一大群人，是真的很認真地在面對課綱修改的工作。」

柯華葳院長應該是透過二〇一四年發生的「太陽花運動」而認識了如此活躍的唐鳳。於是，唐鳳參加了「教育課程發展委員會」，那是國家教育研究院為了擬定課程綱要而召集的委員會總會。雖然唐鳳本人在二〇一六年因入閣而不再參加「教育課程發展委員會」，但課綱的修訂工作仍持續進行，且終於在二〇一九年順利完成，成為以「以素養作為DNA」的「一〇八課綱」。

唐鳳指出這部新課綱最大的變化，就是將教育的目的從「技能或知識導向」轉變成「素養導向」。

「十年前的臺灣，普遍的主流想法是『學校要培養出適合這個社會的人才』，在日本也是相同的概念。然而，現代社會的變化非常快速，十幾年後的社會是否將面臨『奇點』（singularity，科技的奇異點；意指AI等人工智慧技術能夠自己創造出超越人類智能的時期）的來臨？誰也無法預測。因此我們認為，現在學的東西或許在未來根本無法派上用場，不如培養出讓孩子們可以隨時隨地應對社會上新變化的能力，並達到一個對大家都好的共同價值。這是這十年來最大的一次轉變，可說是教育的哲學改變了。」

「所謂的素養教育，是以每一個小孩的需求（我想做甚麼）作為出發點來教育之。這套做法過去曾在第一線的實驗教育中實踐，並獲得了許多成功的經驗。傳統的教育理念，是在沒有網路的時代下的產物，有了網路之後的一切都不一樣了，因此教育應該也要跟著改變。

例如在搜尋技術發達的如今，背誦是否已失去意義？另外，在面對網路上各種不同文化的人時，自己應該如何跨文化、形塑出自我？這些都是以前的教育不會告訴學生的事情。」

唐鳳的這番話，讓我突然想起一些事。我過去曾在臺灣的一間數位行銷公司工作約六年，當時有許多優秀的年輕人陸續加入公司，其中不乏畢業於臺灣最高學府臺灣大學的新人。他們曾來找我商量工作上的煩惱：「每次被交辦要寫企劃案的時候，除非有明確的指示，否則實在不知道該怎麼做才好。」他們也會抱怨：「不擅長寫企劃案、不太喜歡。」

對於在日本受教育的我而言，思考企劃不是最令人開心的事情嗎？怎麼會覺得苦惱呢？我非常想看看這些優秀人才所想出來的企劃案啊！他們的能力相當優秀，我花好幾天拚命苦讀的數位技術相關資格考試，他們只讀了短短幾個小時就輕鬆地合格了。

後來我參加在臺灣讀小學的長子班上的教學觀摩時，稍微窺見了箇中緣由——那是一堂工藝課，老師先展示了完成的樣品，並要求孩子們完全依照範本製作。我長子的作品因為葉子的顏色和範本不同，因此被要求重新再製作一次，而依照範本做得一模一樣的學生，則受到了老師的讚美。我在看到這一幕時，深刻體會了「高執行力，及能夠獨立思考自己該做甚麼的能力間的差異」。

直到不久之前，臺灣的教育依然擅長培育出高執行力的人才。不過，接受這樣新的「素養教育」的一代，則將在與過去截然不同的環境中成長。未來，這一個新的世代將會構築出新的社會面貌——或許這些只是一點一滴的緩步調整，但臺灣的教育面貌正在踏實地改變中。

我的專長就是
讓彼此陌生的人
創造出共同的價值

16

A U D R E Y
T A N G

START

「為甚麼妳沒有選擇學者的路線？」我曾如此問過唐鳳。而她告訴我：

「我所有的時間都在研究。彼此不認識的人，如何達到共同的價值跟創新？這就是我的研究題目。」

唐鳳正在政府中推動「社會創新」、「青年參與」和「開放政府」這三大項目，她表示這些主題看似不同，實際上卻是彼此緊密相連的。她從來不將自己擺在領導者的位置去指揮眾人前進，事實上，她的特質是構築起溝通的橋梁，提供支援使事情順利地被推進。對於習慣聽命行事的人而言，或許一開始會有些不適應這種方式。然而，在真正的民主主義之中，每個人都必須獨立思考並採取相應的行動，我認為唐鳳的行事風格非常符合典型的民主主義。

唐鳳擅長的事

儘管唐鳳具備許多傑出的能力，但她說自己的專長是「共筆（共同編輯）」和「協作」，而那些內容在網路上則都會以開放原始碼的方式來進行。所謂「開放原始碼」，是指在製作軟體時免費公開其原始碼，讓任何人可以自由地編輯修改或重新分發——雖然此做法已是現在的主流，但其實自網路誕生以來有好長一段時間，軟體的原始碼只有開發者本身才知道。唐鳳從開放原始碼的風氣開始盛行以來，就持續參與相關的推廣活動。

「一群立場不同、誰也不服誰的人，一起討論出共同的價值——這本來就是我的專長，是我已經很習慣去做的事情。這就是網際網路順利運作最基本的要件，因為網際網路不像是鐵路或公路，它並非實體的東西，你無法強迫任何地方的開發者或電信商一定要配合你的做法。傳統的權力可以派遣警察或軍隊去強制執行某件事，但網際網路完全不一樣。

因此我們在網際網路工作時，都要先討論出粗略的共識，也就是：『這個方向對我們都不壞，我們可以接受吧！』如此才可以繼續進行。以『多方利益關係人的方式』來進行，可以使多方利益相關者平等地討論並達成共識。

透過網路進行討論有許多好處，例如，因為彼此隔著螢幕互動，就不必擔心對方會突然施加暴力等物理上的威脅，同時，隔著螢幕也較能冷靜地思考。在平臺上討論事情並不像一場實際見面的會議，因此可以依照自己的步調來參加——如果有甚麼不懂的地方，也不需要舉手打斷對方說話才能提問；如果有議題相關的參考連結，可以直接發送給對方參考，看到錯字也可以直接修改……這就是所有參加者透過網路的共同創作。他人既不需要在線上等我上線，我修改的時候也不用確認別人有沒有在線上，由於是非同步的作業模式，因此不需要考慮地點和時差。這麼一來，比起實際見面的會議，更能夠確保每個人在討論時對議題都有更完整的瞭解。」

針對「為甚麼沒有選擇學者的路線」的這個提問，唐鳳的回答還有後續：

「如果妳問我這個問題的意思是：『為甚麼妳沒有選擇去當教授？』是因為教授主要的精力會聚焦於該大學裡的學生，但我想要協助的或我想要學習的是全世界，其範圍是不一樣的。」

17

開放政府
讓專業的公務員
願意相信年輕人的意見

A U D R E Y

T A N G

START

成立於二〇一六年十一月的「行政院青年諮詢委員會」，是一個經由審查遴選出十八至三十五歲的年輕人作為代表青年的顧問，以提供公共政策建議的組織，代表青年的任期為兩年，於二〇二〇年十一月開始第三屆。委員會成員會根據自身的知識和經驗，針對教育、健康、家庭、經濟機會、跨業界議題、公民與社會參與、國際視野和經驗等七個領域，提出新的技術或政策方向等建議。委員會由行政院院長擔任召集人，而唐鳳作為兩名副召集人的其中之一，也出席了數次會議。參與會議的不只有唐鳳，若主題有相關，行政院的十二個部會也會列席參加。

二〇一四年為推動「虛擬世界法規調適專案」，蔡玉玲前政委引進一群年輕人參與討論。唐鳳在那時被蔡前政委以民間討論政策的平臺「vTaiwan」外部顧問之名義拉入政府公部門參與相關的政策討論。針對「行政院青年諮詢委員會」的效果，她的看法如下：

「青年委員會成員的共同特色就是，他們的大腦不會被『事情就應該怎麼做才對』的見解所束縛。因此，他們的提案往往能夠精準地點出跨部會的結構性問題。

他們真的在會議中提出了各式各樣的問題，例如國際NGO（非政府組織）來臺灣設立辦事處的手續問題；到目前為止，大多數的國際NGO辦事處都設立在香港，不過最近有許多組織考慮要將據點移到臺灣。雖然臺灣處理跨國公司來臺設立辦事處很有經驗，但對於跨國的NGO要在臺灣設立辦事處一事，我們是沒有甚麼經驗的，因此希望外交部有一個專門的處理窗口或網站。現在其實已經有現成的，只是還沒有英文版本，因此必須盡早製作完成。大部分的相關法規也都沒有英文版可供參考。希望能夠建立起對外國朋友更友善的環境，確保他們在找實習生或進行募款等的活動時，不需要付出太大的語言和行政成本。為了回應這個時代的需求，外交部也很同意此提案，並努力進化中。」

「以東亞的文化而言，通常會覺得長輩較資深，且在一件事的經驗上也較為豐富，因此年輕人的意見僅供參考，不會由年輕人來主導長輩的方向。然而，臺灣的開放政府中有一個很重要的概念，是由三十五歲以下的年輕人來提案接下來的政治發展方向，再依靠專業公務員讓這些方向得以實現或完成——他們的年紀不一定是在三十五歲以下，但卻願意去相信年輕人的意見，我覺得這是一件很不容易的事情。」

幽默與憤怒一樣容易擴散

AUDREY
TANG

START

在疫情惡化之際，令人恐慌的其中一個要因就是假新聞，尤其當假新聞在網路上傳播開來時，想要阻止蔓延或徹底刪除便相當困難，各國政府都因此陷入苦戰之中。在對抗假新聞方面，臺灣的做法可說是世界第一等的成功。

唐鳳將所謂的假新聞稱為「假訊息」，並表示：

「行政院只有在假訊息同時具備『出於惡意、虛偽假造、造成危害』這三個條件的情況下才會處理，如果並非同時具備此三個條件，政府的干涉就等同凌駕於媒體之上，會造成侵害新聞自由的結果，因此政府不會介入。」

為了糾正這一種情況，政府在各部會設立了「即時澄清團隊」以應對假訊息的攻擊。在團隊成立之際，唐鳳向相關人員提出建議，必須秉著「公開、迅速、結構化」的原則來應對——在確認假訊息後，各部會的澄清小組必須在六十分鐘內公開發布正確的資訊作為回應，而在發布正確資訊時，則必須遵守「2・2・2原則」：標題在二十字以內、附上兩張照片或圖片，搭配兩百字以內的內文，內容要盡量簡潔、淺白易懂。

「而且，正確內容一定要幽默。幽默跟憤怒一樣都很容易擴散，而且跟憤怒比起來，在分享幽默時的滿足感會較高。要在六十分鐘內完成這樣的哏圖需要極高的技能，各個相關部會都需要五至六個人的團隊來處理，雖然偶爾會有聲音批評這個團隊的支出預算太高，但我認為還是必要的。」唐鳳一邊說著，一邊展示在假訊息「七天內染髮燙髮會罰一百萬」於網路上流竄之際，行政院長蘇貞昌在Facebook粉絲專頁上所發布的貼文，該貼文以標題「坊間謠言」、「七天內染髮燙髮會罰一百萬」旁加上「假的！」字樣來澄清，同時放上蘇院長年輕時和現在模樣的兩張對比照片，並在年輕時的照片旁寫著：「就算我現在沒有頭髮，也不會這樣懲罰大家的！」另外，現在模樣的照片旁則寫著：「不過，一週內染燙髮真的很傷頭髮，嚴重會跟我一樣！」當我在二〇一九年十二月刊登的日本Yahoo!新聞特集記事上介紹這張幽默的澄清哏圖之後，馬上就成為日本網友熱議的話題。

還有另一張在日本也相當有名的哏圖，上頭是行政院長蘇貞昌滑稽地搖著屁股的圖片。我在接受於二〇二〇年三月播出的朝日電視臺情報節目《WIDE! SCRAMBLE》採訪時，曾被問：「關於新冠肺炎疫情的假訊息，是否有任何對策？」我於是提供了這張圖片給他們。

當時臺灣的網路上流竄著「口罩和衛生紙是使用相同的原料，隨著口罩增產，衛生紙的價格會變貴，所以最好現在趁早去搶購」的假訊息，而釋出該假訊息的則是紙漿貿易公司的員工。

此時，蘇行政院長以搖著屁股的背姿搭配一句臺語標語「咱只有一個卡臣」的哏圖回應大眾，意思是「因為只有一個屁股，就算不必去搶購囤貨，衛生紙也還是夠用」，並一併呼籲「不要囤貨・勿信謠言」、列出衛生紙和醫療口罩的原料及產地，更說明了「口罩跟尿布、衛生棉使用的不織布不完全相同，國內也有工廠，產量大於需求」，最後還警告「囤積、意圖抬高民生必需品的價格，最高關三年、罰三十萬」。

我在該節目上介紹了「屁股只有一個」的標語時，攝影棚內的來賓們都感到非常驚訝。有人表示：「臺灣人真是太幽默了！」網路上也有許多讚嘆的聲音：「堂堂的行政院長竟然可以做這件事，臺灣實在不簡單啊！」這張哏圖在日本造成廣大迴響一事，很快地也在臺灣登上新聞並引起熱議，令我對蘇行政院長感到有些抱歉。雖然這個標語並不是由唐鳳構思，但很明顯地，在政府啟動打擊假訊息的措施之際，唐鳳提出的建議已經得到了實踐，並且在疫情之中發揮了極大的效果。

不要讓人們孤軍奮鬥，
而要透過「社會創新」
讓人們彼此幫助

AUDREY TANG

START

唐鳳在臺灣持續地推動「社會創新」，一般認為，由孟加拉的經濟學家穆罕默德．尤努斯（Muhammad Yunus）首創的「小額貸款」（microfinance）模式，就是「社會創新」的源頭。

一九七四年時，孟加拉遭受大饑荒之害，許多人因此死亡。明明社會上還有充足的糧食，但人們卻因為經濟貧困、買不起食物而餓死。尤努斯目睹了這一切，他明白在現實之前，再冠冕堂皇的經濟理論也派不上用場，他因此採取了行動。

他於一九八三年創立「格拉明銀行」（Grameen Bank），將二十七美元以低利息、無擔保的方式出借給窮人，提供所謂的「小額貸款」；此舉將許多人從貧困及飢餓之中拯救而出，並支援窮人自立重生。這份不凡的貢獻，使尤努斯於二〇〇六年獲得諾貝爾和平獎。

為甚麼這個時代需要「社會創新」

唐鳳將「社會創新」視為擔任政委一職的任務之一，並為此花費了許多心力。因為擔任的是數位政委，將工作目標設定在數位化轉型（DX）、數位的普及度和滲透率等方向並不奇怪，因此我問唐鳳，為甚麼認為現在的臺灣需要推動「社會創新」？

「現在臺灣在解決環境或社會問題的時候，很多時候都是由民眾組成環保團體或社會扶助團體來解決。其實很多大規模的企業或教育機構也同樣很想解決這些問題，但他們沒有分享各自的想法給彼此，而是在不同的地方各做各的，甚至彼此做的方向還可能是相反或矛盾的。

我們的工作，就是要利用『社會創新』的方式來支援對大家有益的事，讓所有人一起來提供幫助，而不是單打獨鬥。這不只是臺灣需要，其實全世界都需要。」

唐鳳公開提倡「寬頻網路是一種基本人權」，並致力於離島或山區等偏鄉地區的網路普及，因為在推動「社會創新」的過程中，沒有任何人應該被撇下不管。唐鳳首度接觸到這個概念，是在一九九七年的時候。

「當時，我們正在進行向大企業宣傳『開放原始碼』的推進活動，主張『因為自由軟體主要使用於有關人權的主張與社會的倡議上，因此它應該要是任何人都可以查看、編輯、運用且不受用戶環境限制的』。在跟網景（Netscape）這間大公司商談的過程中，產生了一個新的想法：『我們不應只主張人權，應該要同時主張透過「社會創新」可以節省成本，且做出來的軟體品質還會更好。』企業主接受了這個主張，那就是一九九七年時所提出的『開放原始碼』概念。

後來網景（Netscape）的作品就變成了『開放原始碼』的輕量級瀏覽器『Firefox』，而在『Firefox』的基礎上，又有更多的新發明相繼誕生。甚至連谷歌（Google）在相信這一套邏輯之後，也將他們的瀏覽器開放，成為現在的『Chrome』；而微軟（Microsoft）在結束『Internet Explorer』之後，也採用了與『Chrome』同樣的開源專案『Chromium』為基礎，開發出新的主要瀏覽器『edge』。微軟集團收購了原始碼代管共享平臺『Github』，而該社會創新平臺，現在已經成為微軟的核心策略之一。

過去商業世界的運作都傾向於單打獨鬥，絕對沒有人願意將自己寫的程式分享出去，但在『社會創新』的浪潮之下，如今大家都比較願意開放並分享。在此趨勢中，連原本最封閉的美國蘋果公司（Apple），也將其程式語言的部分『Swift』以開放式創新的方法與整個社會運作——如果使用『Swift』編寫程式，即使是在『Linux』或『Windows』系統上也可以執行Apple的應用程式。從閉門造車到開門造車，這樣的變遷就是『社會創新』的概念。

我接觸最早的『社會創新』概念並在我自己的領域運用的，就是『開放原始碼』的概念。這個概念持續擴充並延伸，一直到我現在推動的開放資料、開放政府等，都是基於同樣的想法。」

我想，在自由軟體和「開放原始碼」的推動上較有進展的國家，通常對於人權的保護也會持續進步，反之亦然。

充滿數位政委風格的「社會創新」

唐鳳不是只在政府內部推動「社會創新」，她也親身實踐。其中之一就是制定和實施〈社會創新行動方案〉，正式將「社會創新」的推動列為國家政策之一。

「在我入閣之前，由馮燕前政委負責的四年期計畫〈社會企業行動方案〉已經奠定了大部分的基礎。我在入閣後增加的部分，是要『更民主，加強所有國民，甚至是沒有投票權的未成年者參與社會公共事務的程度』，也就是『民主深化』。同時也要運用全球夥伴的想法，一起到國際上解決大家共通的SDGs（Sustainable Development Goals，聯合國永續發展目標）問題，即為國際連結。

關於民主深化和國際連結的概念，在臺灣沒有任何人會反對，所以完全不需要有人去說服。而且，在之前〈社會企業行動方案〉推進的過程中，本來就一直有民間朋友提倡類似的概念，我也只是將他們的想法正式變為行政院認同的文字而已。

簡單來說，在行政院一年只能編一次預算，因此想做甚麼事情或發生新的事情時，我們不一定能馬上反應。同時，政府花費一元會創造出一元的效益，但說不定透過民間的創新，可以用一元創造出三元以上的效益。我大概是用這樣的方式來與行政院解釋。『社會創新』，就是轉變的關鍵。」

除了倡導「社會創新」的唐鳳、「公民黑客」的活躍之外，臺灣還成功地控制住新冠肺炎的疫情，進一步強化了自身在世界上的存在感。我認為，在這個層面上，確實實現了「用一元創造出三元以上的效益」。

不該因為
對方沒有投票權，
就認為
他們的意見不重要

破繭思考
BREAKING THINKING

20

AUDREY TANG

START

現在是人人都想使社會變得更好的時代

「在新常態之下的新現象之一，就是網際網路的使用者希望能夠直接參與並解決新問題。」

「我認為，想要親自去解決新問題、參與解決過程並做出貢獻的精神，是非常珍貴且重要的。」

在二〇二〇年九月的線上座談會「LINE DAY 2020—Tomorrow's NewNormal—」上，與唐鳳對談的LINE代表董事兼CWO慎重熩（Jungho Shin）說出了這番話。我深感共鳴。

那麼，為甚麼現在人們的心中會萌生出這樣的心情呢？我再次詢問唐鳳的看法。

「過去大家覺得要先完成學業、出社會，才可以對社會有所貢獻。但如今已經不同了。現在任何人拿起手機就出社會了，就可以對社會上的別人發揮影響力，這就是最大的差異。

過去我在十五歲創業時，當時周圍的人會覺得十五歲創業不太尋常，不過現在對於十五、十六歲的青少年發起大規模的社會運動——像葛莉塔・通貝里（Greta Thunberg，瑞典的環保活動人士）禮拜五不去上課，而是上街頭抗議——大家已經覺得是稀鬆平常的事情。我認為最大的改變就是網際網路的普及。

這和『社會創新』也有很大的關係。例如，因為十八歲以下的青少年沒有投票權，所以針對SDGs問題就不參考他們的意見，這樣做是不公平的。以氣候變遷為例，現在不到十八歲的人，受到的影響一定比我們成年人將受到的影響更多，因此反而是他們的意見比我們的重要才對。不可以因為他們沒有投票權，所以他們的意見就不重要，不能這樣子。」

「Not for TAIWAN, with TAIWAN」的態度

21

AUDREY
TANG

START

臺灣擁有幫助世界的力量

在我於二〇一九年採訪唐鳳時，曾經詢問她對於當時香港情勢的看法，她回答：「在六月十六日香港舉行大規模遊行時，我就已經在Twitter上清楚地表明我的立場了。」

她在Twitter上寫著：「這是中國傾聽人民意見、前進的機會。穩定的發展，取決於和平、人權及法治。」同時她也在該文加上了「#TaiwanCanHelp」的標籤。

「臺灣在二〇一四年的『太陽花學運』期間也曾陷入類似的情

況，最終反而提高了民主的層次。（關於#TaiwanCanHelp標籤）所以臺灣應該可以助香港的朋友一臂之力。我的名片上只寫了職務『digital minister』（數位政委），這代表著我不是一個為臺灣政府工作的人，而是與臺灣政府一起工作的人，也就是『Not for TAIWAN, with TAIWAN』的態度。」

時間的安排方式

關於唐鳳如何利用時間與安排工作，我提了以下幾個問題。

Q：平常如何度過週末？

「我沒有平日或假日的區別。週末有時會去參加活動，或和平日一樣去社會創新實驗中心。唯一不一樣的是禮拜天會多少保留時間給家人，隔一個禮拜的禮拜天則會回位於新北市的淡水老家，或是跟家裡的人視訊。除此之外其他都沒有差別。」

Q：簡報資料或論文都是在甚麼時候做的？

「平日工作結束之後或是週末，自己一個人在家裡的時候。

或是，立法院總質詢的時候，因為我在立法院不用被叫上臺，出席的目的其實只是給行政院長精神支持，因此那段時間就可以用來做論文審稿的工作，或進行以前由我開發、現在也持續維護的開源試算表軟體「EtherCalc」之類的事項。立法院的網路很快，冷氣也很涼快，而且可以很專心，中間不會有人跑來打擾我，其實是個很好的工作環境。」

Q：關於採訪或演講的邀約，有甚麼判斷的基準？

「我的工作行程，主要是由兩位秘書及另外一位負責海外事務的外交部同仁來安排。如果不違反我的基本原則，我不會有意見。」

唐鳳參與會議、面會、媒體採訪或演講的基本原則，有以下兩個條件。

1. 全程以錄音、錄影或文字的形式記錄，並且完全開放、公開。

同時，申請面會或採訪的一方，必須放棄這些紀錄的版權，任何人都可以參考這些公開的內容來進行二次創作。此外，若對方有進行攝影，唐鳳這方也會進行錄影。

2. 必須是對於公眾有利益的事情。

如果只是對單獨一人有利益的邀約或請求，唐鳳是不會接受的。例如，在我的採訪過程中，唐鳳深知自己所回答的內容可以讓其他人得到幫助，或以不同的角度去延伸公眾的利益。

順帶一提，我過去曾聽過唐鳳的直屬秘書黃子維說：「她的個性非常溫厚，從來不會對工作同仁發脾氣，跟她工作很愉快。但是她太聰明了，有時候我們無法理解她在說甚麼，所以會跟她爭論。不過，通常之後就會明白她當初話中的涵意。」

Q：天天收到很多邀約，如何判斷優先順位？

「凌晨零點到早上七點，這段時間我是不接工作的，不然我會睡不夠，這樣根本沒有辦法做出甚麼貢獻。因此如果是有時差的國家，我能對應的時間就比較少。日本和臺灣的時區接近，因此日本的邀約確實比較多一些。

就像日本提出的外交策略中有主張『自由開放的印太地區』，同時日本和臺灣也是鄰居，不只物理距離很近，在心理上的距離也比較近吧！」

Q：時間管理的秘訣？

「要做到『delegate the work of delegation』（委派『委派工作』的工作），就是連哪一些事情要交給哪些人去做的這種事情，都交給其他人去判斷。如此一來，我只要專注在價值上就好了。」

在我多次採訪唐鳳的期間，經常會被臺灣的朋友問道：「唐鳳在日本好像很受歡迎，究竟是為甚麼啊？」

從我的角度看來，大概是因為現在的日本政府之中，沒有一位像她這樣沒有界限、不會撇下任何人，並且能夠運用「社會創新」來解決社會問題的人物吧！也或許是因為，她實在太過耀眼了。

另一方面，我也有很多日本的朋友表示「真想邀請唐鳳來日本當數位大臣」，當然，如果能成真確實是一件很棒的事情。

不過，只要有網路，一定還有很多方法可以從日本向唐鳳請益，更何況，只要社會上有越來越多心裡有「小唐鳳」的人，日本必定能夠向前邁進一大步。

唐鳳認為，日本和臺灣的心理距離是很接近的。她的心，和臺灣一起，永遠向世界敞開。

CHAPTER 01

CHAPTER 02

CHAPTER 03

CHAPTER 04

收件人：自己

副本：過去的自己

標題：屬於我的破繭思考

第四章

讓每個人的心裡都住進一個小唐鳳

在拙著《唐鳳的思考：比IQ更重要的事》中的核心概念，就是「讓每個人的心裡都住進一個小唐鳳」。不是只將唐鳳當成偉人來讚頌而已，而是學習並吸收她的思維，轉化成對社會貢獻的一份心力。許多日本讀者因此深感共鳴，並且開始採取行動。

想法才是主角

轟動日本的「天才數位大臣」唐鳳，
打破框架的30種破繭思考。

CHAPTER FOUR

就算不寫程式碼，也可以擁有黑客精神

22

破繭思考

BREAKING THINKING

A U D R E Y
T A N G

START

說起來或許像是陳腔濫調，但我認為要讓心裡住進一個小唐鳳，最重要的就是「有心」。所謂的「心」，其實就如同蔡玉玲前政委說的「我從政委變成黑客」，不就是開源社群所具備的「黑客精神」嗎？我在首度接觸「黑客行動主義者」（hacktivist）的概念時，才瞭解了即使我不會編寫電腦程式，也可以擁有黑客精神。

從鍵盤點擊和無腦分享畢業

在唐鳳過去介紹「g0v」的資料中，有一份關於成為「黑客行動主義者」的地圖，而那份地圖中清楚地揭示了從「鍵盤行動主義」（Clicktivism）至「黑客行動主義」（Hacktivism）的成長階段。

1. 在SNS上點擊Like／Unlike
2. 分享連結
3. 提問、回答
4. 討論
5. 深度思考
6. 議程設定

所謂的「鍵盤行動主義」就是在網路上採取按「讚」、點擊瀏覽網頁或分享連結的行動。乍看之下似乎是主動閱聽，但其實不過是對他人的行動做出反應的被動行為。

另一方面，「黑客行動主義」則是結合「黑客（用心提升品質和生產效率）」和「行動（做出促進社會改革的行動）」結合的新創詞，重點在於自身是否採取具主體性的行動。

這張圖中顯示的概念是，原本只是被動接收的「鍵盤行動主義」，在經歷提問和質疑的能力、反覆討論和辯論、能夠深入思考且自己設定議程的過程之後，就能夠轉變成為了社會而親自採取實際行動的「黑客行動主義」。

「公民黑客」就是以這樣的概念為基礎，而進一步形成的新文化。

雖然我不是工程師，但把這個概念植入腦海後，我也漸漸地開始能夠反省自己是否有確實運用大腦思考並採取行動。不只在面對新冠肺炎疫情等災害時，就連在日常生活之中，我也發覺自己的思考和行動起了變化。

大家一起實踐新的想法

當我說自己不是程式設計工程師，不知道如何採取黑客行動的時候，唐鳳輕輕地笑著說：「這些簡報上的資料都沒有寫程式啊！沒有甚麼關聯。」

「只要一個人想到新的方法，並把大家組織起來一起行動，那個人就是『黑客行動主義者』。在二〇〇七年時，有個人叫做克里斯・梅西納（Chris Messina），他在自己使用Twitter的時候，發明了一個方法讓大家得以參與同一個活動——該活動稱作『BarCamp』，克里斯提議如果大家在發文時都在活動名稱前加上『#』，參與活動的人就可以彼此組織並聯絡了，而這就是我們所說的『hashtag』。當時Twitter沒有那個功能，就算打『#』也不會出現可以按的連結。那就是由克里斯創造出的新用法。

後來聖地牙哥發生火災，當地想瞭解災情的用戶都開始學著使用『＃』，最後在用戶的壓力之下，使得Twitter與臉書都不得不施作出『＃』的功能。因為我們想要談論有關這場火災的話題，於是便以用戶的身分去要求網路平臺讓我們更容易地達到共享資訊。克里斯不必親自去寫程式，而是去讓那些平臺不得不寫變更程式來呼應他的行動，使每個人都可以使用『＃』的功能。這就是我定義在『黑客行動主義者』最上層的『議程設定』。

另外一個很好懂的例子，就是二〇一四年的『ALS冰桶挑戰』（ALS Ice Bucket Challenge）——將一桶裝滿冰塊的冰水淋在自己頭上並拍成影片上傳，然後點名下一個人接續做同樣的事情；如果不倒冰水，就要捐錢。該活動使大眾瞬間廣泛地知道了『漸凍人』這個疾病。」

觀察自己平常不經意採取的行動是「鍵盤行動主義」還是「黑客行動主義」？如果是「黑客行動主義」，又是在哪一個階段？光是開始意識到這些事情，感覺就像是在心裡住進了一個小唐鳳。

等待他人或獨自解決
社會問題，永遠只能解決
其中的一部分

AUDREY

TANG

START

「社會創新」

從網路剛萌芽的時期就一直涉足最前端發展的唐鳳，心中抱持著這樣的概念：「在網路上，年齡、性別等屬性，都只是一個替身而已，就像Twitter的頭像，你想換成甚麼就是甚麼。」

因此，比起以外在的屬性來認識彼此，以價值觀來認識彼此更為穩固，並且很快就可以朝向同一個目標一起工作。她說，透過價值觀認識的朋友，可以很快地一起創作出新的東西、彼此分享知識及經驗，令人感到非常開心。

「透過事情認識人，再透過人認識新的、值得做的事，再透過那件事來認識新的人。」唐鳳說，這是「社會創新」很根本的思維。

「當我們看到社會問題時，不管是等別人來解決，或是要靠自己一個人解決，永遠都只能解決其中的一部分。因此應該去找更多擁有不同能力、不同角度的人，由他們分擔、解決問題的其他部分。不只大家一起分頭解決問題很重要，彼此分享解決的方法也非常重要。」

這種態度就是「開放式創新」（open innovation），而利用「開放式創新」來解決社會問題，就是「社會創新」。值得玩味的是，唐鳳說：「這種態度很重要，而且每個臺灣人都有這樣的精神。雖然經常被用在有一點貶意的地方……」她停頓了一下，繼續說道。

「臺灣有一個專有的形容詞叫做『雞婆』。很多臺灣人在看到一些不公平的事情時，不會想著要等警察或里長來解決，而會直接提議如何可以做得更好，臺灣人不吝惜跟其他人分享意見。」

在臺灣，「雞婆」經常被用來指「多管閒事」，通常帶有貶意。不過唐鳳想表達的，應該是「熱心」的意思吧！確實，在臺灣這塊土地上，人與人之間的距離非常近。我曾在早春或初秋外出散步時，讓寶寶光著腳坐在嬰兒車上，經常因此被陌生人提醒「寶寶的腳會冷喔，要穿襪子比較好」，所以我現在養成了帶著襪子出門的習慣；有時候也會被計程車司機詢問個人收入或房租等較為隱私的問題。

總之，「雞婆」成了唐鳳教我的中文詞彙之一。

只做自己覺得有趣的事

24

AUDREY TANG

START

受到唐鳳啟發，我自己也想成為「黑客行動主義者」，採取一些實際的行動，並希望能嘗試以「社會創新」的方式來讓社會變得更加美好。然而令我感到困難的是，在這世界上的萬事萬物之中，應該以甚麼事情作為主題？又該如何使用自己有限的時間或金錢來採取行動呢？如果是自己感興趣的主題，無論是何種形式，應該多少都可以做出一些貢獻，然而，最困難的就是找到方向並做出決定。當我想向前邁出一步時，這些問題第一時間浮現在我的腦海中。

只做自己覺得有趣的事

將唐鳳引入臺灣政府的幕後推手是當時的政委蔡玉玲女士，她說：「他們這些不受限於框架的人們，只要在適合他們的舞臺上，就可以將傑出的才華發揮出來。」然而，大多數的人都不知道如何找到適合自己的舞臺，對此，我徵詢了唐鳳的做法。

「我只能告訴妳我的經驗，其他人應該都各自有不同的做法。我的行動原理非常簡單，就是『只做自己覺得有趣的事』。如果有一份可以賺大錢的工作，可是我覺得不有趣，我就不會去做。但如果是我覺得有興趣的事情，即使只能賺一點微薄的錢，只要不至於餓死，我就會嘗試去做。

如果我帶著有興趣的心情去做某件事，不只可以在這個過程中學到新的東西，跟我一起工作的人也能感受到那份學習的樂趣，而變得更積極地去參與。相對地，如果勉強自己去做不想做的事情，就會得到相反的結果。所以，對我來說最重要的就是『樂趣』——當你樂在其中，每天早上起床時大腦就會自動浮現許多新的想法，你也能夠發揮出自己的最佳表現。兩者的差異很明顯。」

我記得熟悉唐鳳的「g0v」發起人高嘉良在接受採訪的時候，曾嘟噥說道：「以前唐鳳曾經說過，被別人拜託做事情的時候，自己總是難以拒絕。」而我也確實一路在旁邊見識了唐鳳在面對事情時的態度，她一向都會盡全力做到自己所能付出的一切。針對我的採訪，她也始終很配合並提供了許多協助。

唐鳳每天都會收到許多邀約，例如演講、採訪和各式合作案等。但如果所有的邀請都照單全收、不拒絕，一定無法做出自己滿意的表現吧！這或許就是她只訂下「有趣嗎？好不好玩？」這個簡單的原則，並將所有的行程都交由秘書們來安排的理由。

話雖如此，一般的上班族應該很難直接應用她挑選工作的方法吧！不過，在職場上面對工作時，可以試著讓別人覺得：「讓這個人做一些他覺得有趣的事情，會是個好主意。」

或許下次就能夠選擇比現在更有趣的工作也說不定喔！

斜槓族也很好

如果此刻在自己的工作中，真的感覺不到那份樂趣，但又很難馬上辭職、創業，或成立團體來參與解決社會問題，又該怎麼辦呢？都已經老大不小了，還要詢問唐鳳這種類似職涯諮詢的問題，實在有點不好意思，但為了學生或年輕的讀者們，我也顧不了那麼多，只能硬著頭皮提問了。而唐鳳一如往常地溫柔回答：

「在臺灣，有一個稱呼叫做『斜槓族』，那樣的工作方式也很好。」

「斜槓族」一詞，出自於美國專欄作家瑪希・艾波赫（Marci Alboher）的著作《One Person／Multiple Careers》（二〇〇七年，繁中版本未發售），意指同時橫跨多種技能或經驗，累積個人職涯上多重履歷的人。在介紹自己的經歷時，多種工作或職務之間會以「／」（SLASH）來區分。

不過，此處指的職涯，除了以賺錢為目的的本業和副業之外，也包含畢生志業。日本社會近年也逐漸開始接受副業或兼差的工作形式，斜槓族的人數正持續增加中，相對地，兼任多份工作在臺灣一直就是很常見的工作方式。

「我經常看到許多人跟我一樣，得到主管的允許在工作之餘做自己喜歡的事情。舉例來說，我除了政委的工作之外，也在一個推動『社會創新』的民間組織『RadicalxChange』擔任理事。在我兼顧政委的職責之餘，有時候也會為了那個理事的工作而飛去紐約，除了獲得行政院長的同意，另一方面也是因為該工作和我在行政院推進的工作相關，兩份工作之間能夠達到相乘效果的緣故。如果你能夠向你的同事或老闆證明兼顧兩邊工作的益處，就會有更多的發展機會。」

找到自己擅長的事情

如前所述，在我多次的採訪之中，唐鳳曾提過「我的專長是『共筆』和『協作』」。而當我進一步追問的時候，她直率地回覆：

「我是在一九八九年、九歲的時候開始寫程式，因此運用程式設計做出協作的工具算是我長年以來的專長。二〇〇八年時，我加入『Socialtext』這間公司，開發出能夠線上共同編輯的試算表『EtherCalc』；早在一九九五年的時候，我就是以這個題目創業的。」

唐鳳口中的創業，是她和朋友一起設立的「資訊人文化事業公司」。

「我們創業之初做了一個叫『酷必得』（CoolBid.com）的C to C（Consumer-to-consumer）交易拍賣網站，讓人們可以直接在網路上進行交易，而不必再透過中盤商；大家都可以把自己手邊不需要的優質物品以拍賣的形式出售給需要的人。那是一九九六年的事情，已經很久了，我做這個題目非常、非常久了。

這個題目指的是在誰也不認識誰、誰也沒有辦法事先說服對方的網路上，透過一些空間、軟體、平臺及機制的設計，發現共同的價值並加以實踐。即使是擔任政委的現在，我也還是一直在做著同樣的一件事。」

對於金錢和消費的原則

某次和唐鳳在討論金錢的對話中，她突然提到具體的薪資數字，令我大吃一驚。

「在我於二〇一四年從商業世界退休之前，我是在『Socialtext』這間公司工作。當時因為公司的前景滿不錯的，所以賣給了另外一間叫『PeopleFluent』的公司，而我則擔任著顧問的工作。在臺灣有個諷刺的講法，會說顧問是『不顧、不問』——基本上如果沒有發生問題、沒有來找我商量，我也不用特別做甚麼事情，顧問費還是會定時入帳。

我當時一共接了三個顧問的工作，分別是出售之後的『Socialtext』，還有美國Apple、牛津大學的出版社，大概做了兩年左右的時間。我每個禮拜工作的時間大概就十幾、二十個小時而已，相當於是兩、三天。因為每週的工時不長，所以有非常多的空閒時間，一個月的收入約為新臺幣六十萬，所以當時覺得要多投入公益的事。在入閣後就沒辦法再兼任營利性企業的工作，現在擔任政委的薪水約為十七、十八萬元，相較於之前等於打了三折。」

幽默的「打折」一詞令我笑了出來，但也因為她沒有經濟方面的困擾，才想轉而多投入有益於公眾的事情，我能理解她的心情。高嘉良在《唐鳳的思考：比IQ更重要的事》專欄採訪時也說過類似的話：「因為科技業給的薪水很不錯、工作方式也靈活，所以才會對別的事物也抱持著關心。」那麼，唐鳳對於消費有甚麼樣的堅持嗎？

「我對消費沒有特別的堅持。當然我會去看我們的『社會創新平臺』中具有社會或環境價值貢獻的店家，並優先選擇購買或消費，例如要剪頭髮的時候，我就會去社會企業髮廊『好剪才-SuperbCut』。但也不是真的非常堅持，如果都沒有，那就算了。」

說著這番話的唐鳳，身上穿的是當天初登場的新衣服。明亮的藍色與黑色的對比設計，非常好看，那件衣服是以臺灣研究開發的100%再生素材（例如咖啡渣等）所製成，是唐鳳的堂弟唐宗謙當上設計師之後為她量身打造的第一件作品，無論是顏色或花樣都非常適合她。

她非常清楚地知道自己就是一個宣傳媒介，並且願意盡可能地做出貢獻。她每天都會收到來自眾多品牌的製造商或團體組織的聯繫，邀請她幫忙撰寫推薦文或拍攝影片——當然，她也會加以篩選——而她也總是不厭其煩並盡可能地多方承接請求。我曾見她趁著短短幾分鐘的午休空檔，抓緊時間拍攝這一類的影片。「簡直就是公僕的公僕。」我忍不住這麼想。

她總是採取「with」（與～）的態度，而非「for」（為了～）的立場，不會為了任何特定的團體或組織工作。這就是為甚麼我認為唐鳳主動地選擇消費她所認同的東西，其背後是別具意義的。

不斷嘗試，才能找到自己真正喜歡的事物

AUDREY TANG

START

唐鳳在八歲的時候，就找到自己所追尋的目標。之後就以該目標為主軸，日日學習新知、接觸各種思考來更新並提升自我。而我們又應該怎麼做，才能找到適合自己的目標呢？

「多去嘗試。像我常常發現哪間餐廳在住家或旅行時住宿的地方附近，我就會天天去把菜單上的每一道都吃過，如此才會知道自己真正喜歡的是哪一道料理。這是一樣的道理。」

「意思是不要放棄、持續下去嗎？」當我這樣反問時，她回答：

「不是。」

「是盡可能地去感受各種不同的可能性。就像先前提到的『斜槓族』，不要因為一開始覺得自己勉強可以接受，就一直做同樣的這件事；不要被眼前的事物束縛，不要限制自己之後能夠做甚麼。」

在社會上實踐「想做的事」的方法

找到自己覺得有趣的事情之後，唐鳳也分享了如何具體實踐的方法——以「有趣嗎？好不好玩？」的價值基準採取行動，前方就會有許多有意義的邂逅等待著你；這是她在創業時的實踐態度，同時也是許多創業者都會自然地採取的判斷基準。

「想做對社會有意義的事情，第一步就是找投資者、提出很清楚的『Pitch』。在很短的時間裡——可能是一分鐘或五分鐘的簡短說明——讓對方瞭解你的做法可以達成甚麼樣的社會使命。」

「Pitch」最初起源於矽谷的一種文化，意指初創企業向投資者做出快速且精準的自我介紹。

「任何地方都可以做『Pitch』。有個講法叫做『Elevator Pitch』，就連只是跟別人碰巧搭同一部電梯，都可以試著向對方『Pitch』。」

確實如此，在臺灣於朋友聚餐時談論到「接下來想做甚麼事」，進而付諸實行、彼此合作的情況並不少見。相較於在辦公桌上寫企劃書並制定下一步的計畫，還不如直接實踐並累積經驗，這樣的做法或許更適合現在這個時代。

「還有另一點，如果你已經經營了一陣子，就必須要能夠把你的『改變理論』（Theory of Change、TOC）講得更清楚，意思就是，為何需要更多人加入才可以讓這件事做得更好。

最初的階段是先幾個人做，提出確實能讓世界變得更好的方法；

第二個階段是再加更多人的力量進來，並解釋為何如此會更有效果；而第三個階段則要評估計畫長期執行的效益和影響力。例如清楚地講述人數在多了五倍或十倍之後，造成的效益確實增加了五十倍或一百倍等。

一開始只能寫出「改變理論」的第一個階段，但是隨著時間過去，就能慢慢寫出第二個與第三個階段。即使中間的內容有改變，都要等到準備齊全才可以找投資人進行說明。」

唐鳳和朋友們在「資訊人文化事業公司」創業的時候也是如此。

「其實我們自己在做的事情對社會的幫助或效益，有很多結果會和預期不同或出乎意料。同樣地，很多人原本預期達成的社會效益，在實際執行之後也可能發現效益會出現在不同的面向，因此在面對投資人進行說明時，必須要交代自己在實際運轉一段時間之後，因為發現了更高的社會利益，而必須做出『軸轉』（改變開發方向）的決定。

不只是金錢上的投資，要說服大家加入或貢獻時間也是一樣的，都必須交代清楚。」

確實，如果只是「Pitch」，似乎任何人都可以在日常生活中不知不覺地進行，但若加上「改變理論」，就能進階到等待投資者、準備好的狀態。初萌芽的創意的點子是否能真正開花結果，其箇中差異或許就在此處。

「現今有許多的投資人或資本家都理解到，如果自己的投資在短期內看似賺錢，但從長遠來看卻會破壞社會或環境，那就不算是一項好的投資。為了避免不好的投資，現在便有所謂的「ESG投資」（環境：Environment、社會：Social、公司治理：Governance，意指要將此三大要素納入考量的投資決策行為）。他們的思維是，投資不能只看財務上的利益回收，同時也要兼顧環境價值、社會價值與治理等面向。

在這些考量之下獲得投資人的青睞，就證明了你的行動不是單純以賺錢為目的，而是在社會、環境或治理價值等層面上也具有意義。那些人想投資的是一個更美好的未來。」

傾聽需要後天練習

破繭思考
BREAKING THINKING

26

AUDREY TANG

START

只要和唐鳳說話，就能深刻體會她的高度修養。

當然，基於她那卓越的高智商，她的大腦處理資訊的速度和記憶力遠遠超過一般人，但除此之外，跟她互動時更令人感受深刻的是她那豐盈的心靈，她早已將眾多廣泛且深入的知識內化於心。

正是因為她具有這樣獨特的魅力，才使人們對她著迷不已；而我當然也是眾多粉絲中的一人。那麼，唐鳳到底是如何培養出如此深厚的修養呢？

「我有時候也會覺得聽別人說話很耗費時間。傾聽是需要後天練習的，並非天生就能如此。在訓練自己聽別人說話的耐性時，方法就是花更多的時間來聽別人說話。這就跟練習彈鋼琴一樣。」

出乎預料之外，她是以與「傾聽」有關的內容來回應我的提問。

如前文所述，她曾在十五歲時將過去多個不同的自我人格統合。以前在與人對話時，自己說話的時間比較多，但在人格統合之後，則轉變為傾聽對方說話的時間比較多了。大概是因為唐鳳意識到，傾聽他人說話也能夠培養自身修養的緣故吧！

不當領袖也可以

破繭思考

BREAKING THINKING

27

A U D R E Y
T A N G

START

有時在日本媒體上看到有關唐鳳的報導，會覺得有點偏離實際的狀況。當然，針對海外的事物、尤其是針對人物的報導，難免在認知上會有一些誤差，但看到那些以領導者之姿來介紹唐鳳的報導，還是讓我感到非常遺憾，心中難忍一股想將訂正偏誤的心情。

從以前就是這樣，日本人總莫名抱持著一種潔癖且不寬容的心態，無論是針對政治家或是名人，民眾信任自己所選擇的人，並期望那個人在任何情況下都依照著自己預期的方向行事。因此，每當那個人與自己心中預期的形象有差異時，他們就會感到失望，有時候甚至會反過來更加嚴厲地責備或打擊對方。然而，隨著網路的發達，這世界上很顯然並沒有從三六〇度任何角度來看都完美無缺的人類存在，真希望社會大眾也可以接受那些名人同樣身為人類、理所當然的姿態。

我不知道唐鳳是否希望自己被外界視為一位新時代的超級英雄或領導人，但實際上她的性格並非如此。她只做自己覺得有樂趣的事情，其餘則甚麼都不做——因為勉強自己去做沒興趣的事情，便無法充分發揮自己的能力；同時，她也並非站在最前方引領大家前進的領導者類型，相較之下，她更擅長的是協作與提供支援。

針對這樣的唐鳳，我再次詢問她有關領導者的想法。

「在入閣之際，我說自己是『公僕的公僕』，也就是去服務所有人、幫助大家找到共同的價值，再透過創新來實踐那樣的價值。有一位日本的經營學者——野中老師（野中郁次郎，一橋大學名譽教授）曾提出管理學上這種共享空間的重要性，我曾去日本拜訪過他，也參加過由他主辦的研討會，與他討論這方面的一些想法。

那時候，野中老師的想法正好也迎來變化。他指出，領導者的重點不只是要去執行他過去提出的知識創造過程『SECI模型』（為知識管理的模型，此模型將知識區分為四個維度——社群化（socialization）、外化（externalization）、結合（combination）和內化（internalization），而知識創造就是這四者不斷交互螺旋發展的過程）」，而是要自己隨時具備可以從不同角度看待事物的智慧，並且持續對於各種新的可能性抱持開放的態度。除了『SECI模型』中關鍵的『內隱知識』（Tacit Knowledge）與『外顯知識』（Explicit Knowledge），他也提出在日常的實踐過程中，能夠讓大家也一起參與實踐，也許才是領導的精髓所在。這樣的概念，以中國古老的漢字來說就是『德』，意指一個人的待人處事、一種讓人每分每秒感受到的那種感覺。後來野中老師覺得，對於新世代的領導者而言，這個概念遠比他過去曾提出的模型更加重要。關於這方面，我也從老師那邊學到很多。」

到目前為止，我採訪並與唐鳳共處了將近二十個小時，其他還有如電子郵件往返等各種無法具體計算出時間的互動，在和她一起度過的時光之中，我學到了很多東西。

光是一起工作就能學到如此多的事物，也讓我有了新的體悟。「黑客行動主義」和「社會創新」的種子，因此播種於我的心田；我想，唐鳳一定就是這樣持續地在世界各地播下種子的。她所散發出的獨特領導力，不是像軍隊一般鐵的紀律或上下階級的桎梏，而是一種非常舒服且自在的關係。

28

老鳥傳承文化的同時，
也需要不帶偏見的新手加入

A U D R E Y
T A N G

START

在唐鳳的行政院辦公室裡的工作夥伴，大多比我原先所預想得還要年輕許多。大家身上的服裝也多是休閒風格，例如牛仔褲、T恤或帽T等；另一方面，也有一些工作人員的風格很符合我原本對於行政院的想像，時刻提醒了我正身在行政院中。唐鳳的辦公室總是有許多訪客出入，例如採訪人員、從其他部門前來開會的同僚等，因此辦公室的大門總是保持著敞開的狀態。

針對共事的夥伴，唐鳳是否有特別在意的特質呢？

「在我的辦公室一起工作的夥伴，身上都有兩個特色。一個是，那個人在加入團隊時，要能夠與既有的成員抱持著不同的觀點——我的辦公室裡有來自各部會的成員，而這也是為甚麼我會規定同一部會只能有一個人加入，不會有兩個人以上的原因。

另一個特色是，想要幫助他人的心情要很強烈。至少在這裡，如果受到其他成員的協助，每個人一定都會想回報並付出更多。大家都很樂意共同創造出一些事物，且成員之間也具有多樣性，因此每個人都能夠從不同的角度提出自己的意見。沒有人是為了圖個方便、佔人便宜而來。」

唐鳳的其中一位直屬秘書彭筱婷，是一位畢業於臺灣大學、三十多歲的迷人的人，他原本是一位記者。每當和他說話時，總會令我想起唐鳳說的「我們辦公室同仁的經歷背景，真的非常多元」。

唐鳳還說：

「隸屬於特定社群的成員，一旦待的時間越長，就會越熟悉該社群獨有的習慣和文化。雖然如此也有文化傳承的優點，但缺點是每當腦中浮現一個新的想法時，便往往會試圖用自己專屬的方式來解釋。老鳥去傳承文化的同時，也需要不帶偏見的新手加入。如果自己已經在某個地方變成老鳥了，最好要去加入別的社群並從新手開始當起。」

唐鳳辦公室所使用的科技工具

工作管理工具「Wekan」

唐鳳辦公室所使用的工作管理工具是「Wekan」，這是將豐田汽車公司在生產管理方面所使用的「看板式」工作管理方法，轉而應用於線上工具的系統。該專案可以一目了然地看出共同執行專案的人員之間的工作數量或變化，不只能夠掌握各項目的工作進度，同時也具有避免遺漏某些待辦事項的優點。雖然這一類的管理工具有很多種，但是唐鳳他們著眼於開放原始碼的角度選擇了「Wekan」，並於使用時依自身的實際需求新增功能。

即時投票站「sli.do」

「sli.do」是可以在活動或會議等場合中進行互動問答、即時投票的雲端工具，它也適用於小型讀書會或討論會。因為可以即時提問或投票，唐鳳很常在演講等場合中使用該工具。此外，雖然「sli.do」不是開放原始碼的軟體，但它的功能非常簡單，不需要自訂任何的選項，可以直接使用。該軟體的中文版由唐鳳翻譯。

在分裂時代之中凝聚共同價值觀的「pol.is」

民間討論法規的平臺「vTaiwan」所使用的「pol.is」，是由西雅圖一間新創公司所開發的開放原始碼軟體，以機器學習的方式從眾多意見中找出粗略的共識與目標。隨著網路急速發展，現代社會中的群眾意見持續分裂，而「pol.is」就是一個可以在其中找尋出共同價值觀的工具。唐鳳說，無論是「sli.do」或「pol.is」，都近似於社群媒體（social media），但相較之下比較沒有反社會（antisocial）的成分，因此用戶之間比較不會彼此攻擊。

靈感從睡眠裡來

破繭思考
BREAKING THINKING

29

AUDREY TANG

START

在唐鳳擔任政委的期間，經常同時進行著許多責任重大的工作項目。她的工作經常必須橫跨各個不同的部會或體系，並在緊湊時間的壓力之下達成各項的任務，這一切絕非易事。那麼，她對「社會創新」的靈感又是從何而來？

唐鳳說，她的靈感泉源不是來自於散步，也不是來自於閱讀，而是睡眠。

「散步或閱讀是為了維持生活節奏的習慣，但是『社會創新』的靈感來源是來自於睡眠。做法很簡單——在睡覺之前，將想要解決的問題的相關資料看過一遍，這時只要把資料讀進大腦裡就好，不需要思考或下判斷，就是快速地翻頁看過去……然後就去睡覺。隔天早上醒來時，答案就出來了。」

因為太過吃驚而愣住的我，感到一陣茫然，不知所措地說道：「這、這是因為妳是天才所以才辦得到吧？一般人沒辦法模仿啊……」然而唐鳳卻是相當認真的。

「這個方法並非只對我有效，這是每個人的大腦都具備的功能。我們在睡覺時，人類的大腦會從當天所經歷的一切之中提取出重要的事項，並在大腦內一遍又一遍地反覆重播、再現。如果中途被打斷，就會做夢；若是沒有中斷，雖然你可能不記得自己做了甚麼夢，但每個人都會以這樣的方式形成長期的記憶。若不能敘述記憶點，記憶就會變得模糊，若能夠敘述出來，日後只要你想要，便能隨時召回那份記憶。睡眠不足的學生就算花上大量的時間去背誦也通常徒勞無功，就是這個緣故。

關於這點，唯一需要練習的，就是在看資料的過程中不要下任何的判斷。如果在看資料時出現情緒或想法，就算繼續看資料，也只會被自己的主觀情緒牽動。所謂的創新，就是必須從與現有想法完全不同的角度來看待事物，如果在讀第一份資料時心中就下判斷或做出結論，就沒辦法客觀地去看之後的資料了。所以，不要在心裡發聲、不要下判斷，而只要單純把資料讀完。這和白天跟別人對談、聽人說話時是一樣的。」

確實，在我採訪的過程中，唐鳳完全沒有看過一眼手機，她總是直視著我的雙眼、專心地聆聽我說話。儘管我說著一口不流利、很難完全聽懂的中文，但她依然耐心地聽我一字一句地把話說完。面對任何人，她都是如此的應對態度。而且，在對方說完話之前，她不會在自己的腦中打斷對方或做出判斷，而會等到百分之百聆聽完畢之後，再說出大腦自動給出的答案。

「當有人在發表意見時，如果沒有保持思考的餘裕就立即做出判斷，那不過就只是對他人的想法做出反應而已，並非你自己真正的想法。每個人的心靈可以感知的事物和分量都不同，中文有句諺語叫『關心則亂』，意思是對一件事抱持關心的時候，心就會受到干擾並大亂；相對地，如果不關心，心裡就能保持平靜且不受干擾。尤其在面對來自四面八方、眾說紛紜的意見時，最重要的就是在大腦內預留空間、保持餘裕。」

在民主主義下
特有的「尋找共通價值」
不能被跳過

30

破繭思考
BREAKING THINKING

AUDREY
TANG

START

能夠幫助你的工作思考術

我自己很喜歡各種工作思考術。多方嘗試並實踐符合自己目標的工作思考術，不僅能令人樂在其中，更重要的是還能提升工作效率。藉由觀察一個人採用何種工作思考術，也能窺見那個人的個性或思考方式。基於這些理由，加上我真的覺得相當實用，我詢問了唐鳳是否有推薦的工作思考術。

聚焦反思的工作思考術「ORID法」

在進行反思與釐清議題時，「vTaiwan」現在也持續採用的討論方式便是「ORID法」——在臺灣又稱為「焦點討論法」，會採取以下的步驟來進行反思與討論。

- 觀察事實（Objective）
- 深度反思（Reflective）
- 加以詮釋（Interpretative）
- 做出決定（Decision）

唐鳳指出：「『ORID焦點討論法』，主要就是使用引導式討論，在二十個人或五十個人一起討論事情時很好用。如果大家希望精力不要分散掉、想將討論收攏在某個焦點上的時候，就可以使用這套討論法。」

設計思考（Design Thinking）

所謂的設計思考，則是將設計師在執行設計工作時的思維過程加以模式化，現在也被廣泛採用在商業世界中。就唐鳳看來，設計思考是一個較龐大且完整的框架，在一個人或兩個人進行深度思考、凝聚共識時很好用。進行的步驟如下：

- 發現（discover）
- 定義（define）
- 發展（develop）
- 提供（deliver）

唐鳳指出，民主主義有「討論問題」、「不同立場或經驗的人之間尋找共通價值」、「找出不會犧牲任何人的方法」和「提出前所未有的新解決方案」這四個階段，其中她特別強調，在民主主義下特有的這個「尋找共通價值」是不能被跳過的。

「KJ法」

就如同腦力激盪，眾人集思廣益並交互提出各式意見時的這個做法，也是唐鳳教我的，她說：

「想要分散想法時，日本文化人類學者川喜田二郎老師（已故，東京工業大學名譽教授）發明的『KJ法』就非常好用。眾人先不要彼此討論，並都先在便箋上寫下自己對於某個主題的觀點，例如『你希望達成甚麼目標』，或『你擔心的事情是甚麼』等等。之後再輪流將便箋貼在白板上，並將這些便箋依屬性分類，如此就能整理出大家的想法。」

「粗略的共識」和「滾動式修正」

唐鳳以政委身分執行並取得豐碩成果的「總統盃黑客松」，一開始是由民眾在不考慮法律和預算限制的情況下去找出理想的做法，並在有了初步結論之後，由公務員和專家針對法律、預算及技術方面加以檢討，規劃出能夠付諸實踐的流程。

或許稍微有點偏離一般的工作思考術，但在這個過程中，可以從唐鳳身上學到的重點是「粗略的共識」（rough consensus）和「滾動式修正」（running code）概念，這是一個制定網際網路技術標準規範的團體「IETF」（Internet Engineering Task Force，網際網路工程小組）的思維方式。

雖然這個概念主要存在於科技業，但臺灣擁有非常靈活且高彈性的跨業界風氣。甚至在製作產品或提供服務的時候，也會嘗試在完成度大約為百分之七〇時就先進入市場，並在觀察市場反應的同時以極快的速度進行調整，追求更高的銷售量。

或許是因為有許多商人更看重成果的優劣，而非過程，因此在進入市場前盡可能地達到最完美的完成度，這是日本的優點所在，但我也經常覺得如果可以增添更多的靈活性也不錯。因此，這種思維方式或許對日本也具有極大的參考價值。

「番茄鐘工作法」（Pomodoro Technique）

唐鳳自己平時用來提高專注力的時間管理術是「番茄鐘工作法」。「番茄鐘工作法」的發明者是義大利出生的諮詢顧問弗朗西斯科・西里洛（Francesco Cirillo），「Pomodoro」在義大利文中便是「番茄」的意思，此時間管理術是以西里洛以前愛用的番茄形狀廚房計時器來命名。

根據他的官方網站，做法有以下的六個步驟：

1. 設定任務
2. 設定計時二十五分鐘
3. 在計時器響起之前完全專注處理任務
4. 當定時器響起，在任務清單上作記號
5. 短暫休息一下
6. 執行四組番茄鐘之後，休息一段較長的時間

「番茄鐘工作法」的秘訣就是在不中斷的情況下盡可能地專注於任務上，並於中間休息約五分鐘。

無論是過去或是現在，唐鳳總是與許多來自不同背景的人一起工作，例如面對三百位公務員，分享及教導開放政府的工作方式，或是在討論法規的「vTaiwan」議案中，與眾多利益關係人研擬法案如何修改並達成粗略的共識。

在那些情況中，她會說「現在我們來用○○○方式進行討論吧」，並將最適合當時情況的工作思考術介紹給大家。我覺得臺灣人的可愛之處就在於，臺灣人通常很願意去嘗試別人的提議，而不會抗拒地說「那個方式有何種缺點……」。就是因為每個人都以「既然要做，我們就開心地把它做好」、「讓它成功！」的態度來面對，因此才總是能夠使事情向前推進並順利進展。

日本人應該要向臺灣人學習，不要故步自封或覺得「我做不到」，先試著樂在其中、由實踐從別人身上學到的事物開始做起吧！

CHAPTER 01

CHAPTER 02

CHAPTER 03

CHAPTER 04

收件人：自己

副本：過去的自己

標題：屬於我的破繭思考

專欄

數位政委的一天

想法才是主角

轟動日本的「天才數位大臣」唐鳳，

打破框架的30種破繭思考。

SPECIAL COLUMN

START

二〇一六年唐鳳剛入閣不久時，曾在某場電視節目的採訪中被要求以「史上第一」造句來自我介紹，而她的回答是：「史上第一個把自己的辦公室開放，任何人都可以來預約時間的政委。」那就是唐鳳如同第三章所介紹的，在「社會創新實驗中心」內的辦公室，她每週三都會開放「Office Hour」（採網路預約制），任何人都可以跟她約時間會面。而她每週也都會盡可能地走訪各地，親眼看一看各個「社會創新」的現場。

那麼，擔任數位政委的唐鳳，實際上是如何度過她的每一天呢？雖然有點追星跟風的感覺，但在本書的最後，就讓我們一起來瞧瞧她的一天吧！從她的行動之中，能夠透視到她始終抱持著的信念。

唐鳳的某一天

早晨七點／起床

起床後會待在住處，或前往步行約十五分鐘的「社會創新實驗中心」，早晨一開始主要會和北美洲及南美洲一帶聯繫工作。

唐鳳之前工作時的服裝風格大多以灰色、白色或黑色為主，不過最近的她偏好深藍，因此比較常穿著深藍色系的服裝。她說，深藍是「SDGs」的目標之一——「達到共同目標的夥伴關係」的代表顏色，在參加相關活動或前往現場時，也很符合該場域的氛圍。

在上班的途中，經常會遇到市民朋友要求一起合照，而因為她總是友善地回應，因此有時候通勤時間會變得比較長。

←←←←←

上午九點／搭乘專車前往行政院辦公

一週大約有兩天至三天，會在有會議或有要事時前往行政院辦公。順帶一提，依照規定，行政院內在上午九點至傍晚五點的勤務時間以外是不開空調的（即便如此，唐鳳還是在上午八點或下午五點之後的炎熱天氣中接受我的採訪）。

←←←←←

中午／每週例會

每週一的中午，她會和辦公室的成員們在行政院的會議室中一邊吃便當，一邊進行例行的週會。便當會預先依照開會的人數先準備好，而唐鳳在用餐時大多選擇素食，不過也會吃雞蛋、牛奶和貝類；吃甜點時，則會一口一口、慢慢地品嚐。

有一次，在不同採訪之間的空檔，她說：「今天我大概沒有時間吃午餐了。」雖然是由秘書負責管理所有的日程安排，但是若遇到會議或採訪的時間拉長，或是地點改變等狀況時，就會發生這種情況。我所見到的唐鳳，總是分秒必爭地忙碌工作著。為了維持健康，她提醒自己要養成「多喝水」的習慣。

她有時也會在行政院內、位於別棟建築的福利社買午餐。之前採訪時，她也曾親自帶我前往該福利社，該福利社一般民眾也可以進入購買。

←←←←←

傍晚五點／前往「社會創新實驗中心」的辦公室

「社會創新實驗中心」的所在位置充滿了歷史風情，這裡在日本統治時代曾是臺灣總督府工業研究所，戰後則一度成為中華民國國防部空軍總司令部。如今，該建築物已經過翻修與改造，新增了許多藝術文化設施，開放給一般民眾使用。

傍晚五點後的兩個小時，唐鳳會在此處進行與非洲和歐洲聯繫工作。有時候會在此處吃晚餐，或回到住處再吃。

←←←←←

晚間七點至八點／散步回家

在睡前將當天所有的信件回覆完畢。

←←←←←

晚間十點／就寢

對唐鳳而言，為了對社會做出貢獻，最重要的事情就是每天至少要睡足八個小時。

在睡覺之前，她會聽音樂或是冥想。並且如同前文所述，如果工作上需要做出甚麼計畫，她就會先將所有的資料讀過一遍再去睡覺，隔天早晨醒來時，大腦自然就會有答案浮現而出。

名家專欄

來自日本各界的唐鳳粉絲

We Love唐鳳!!

來自日本各界的唐鳳粉絲（以下省略敬稱）。

※粉絲簡介更新至二〇二一年十二月。

想法才是主角

轟動日本的「天才數位大臣」唐鳳，
打破框架的30種破繭思考。

SPECIAL COLUMN

AUDREY TANG'S FANS

小飼 弾

PROFILE

日本開放原始碼程式設計師／Livin' on the EDGE Co., Ltd.（現livedoor Co., Ltd.）前董事兼技術總監（CTO）／現任DAN co. ltd.（ディーエイエヌ有限会社）代表董事。因以「jcode.pl」為基礎開發出「Jcode.pm」而聞名，之後曾參與專案「Encode Module（Encode.pm）」的維護及「Perl 5.8」的開發。經營以書評為主的部落格（http://blog.livedoor.jp/dankogai/），在日本被公認是最具影響力的知名部落客之一。

（唐鳳在幾年前去東京時曾住在小飼先生的家好幾天。小飼先生的家很有名，過去曾借給電影《火線交錯》攝影隊一個月左右。）

—評論—

這是甚麼東西？這是唐鳳畫在盤皿上的人物像。這是不是人類，而是奇拉（Cheela）；奇拉是居住於中子星，以比地球人快一百倍速度生活的智慧生命體，很遺憾地，奇拉實際上並不存在，奇拉是在《Dragon's Egg》這本極為精彩的科幻小說中的世界之中的居民。唐鳳在我的書架上發現了這本書，在前往成田機場的車上津津有味地讀著，而當她知道無法在抵達機場前讀完時，便向我宣告「我想要這本書」。當時那本書還沒有Kindle版、市面上也很難再買到，因此我原本打算拒絕她，但最終還是不敵她那帶有「水汪汪的眼神攻勢」的請求。這個盤皿，就是那次事件的回禮。其實她是一個很懂得如何撒嬌、耍賴，但同時又更擅長回報的孩子啊！

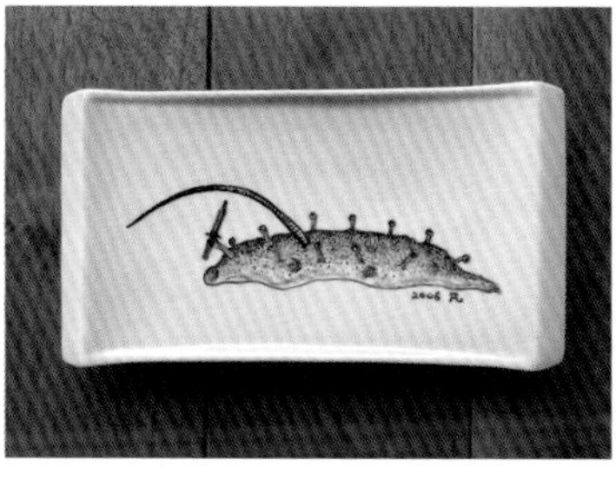

AUDREY TANG'S FANS

Hal Seki

PROFILE

「Code for Japan」創業者。以「用科技讓在地生活更宜居」為主軸，積極展開超越公司框架之外的各式社群活動。在東日本震災期間曾擔任資訊志工並從事相關活動，以志工經驗為契機，感受到了以居民社群和科技的力量來解決地區課題的可能性，因而於二〇一三年設立了一般社團法人「Code for Japan」。

──評論──

二〇一六年到臺灣參加「g0v hackathon」的活動時第一次見到唐鳳，當時我對她的印象是，面對任何人她都以禮貌相待，並且說明的方式也相當親切、淺顯易懂。之後，在持續進行「Code for Japan」的活動中，我有了很多次和她見面的機會，每次都讓我有了一番新的體悟。我很開心自己和唐鳳抱持著同樣的信念，我們都深知數位工具的力量有多強大，因此更應該堅持將它使用在正確的方向上。當今日本正以「不拋下任何人的社會」為目標來推動「Society 5.0」，我們還有很多值得向唐鳳學習的地方。

AUDREY TANG'S FANS

林 信行

PROFILE

日本資深記者／企業顧問。以「二十二世紀應該留下甚麼價值？」為基本軸心，採訪並傳遞橫跨科技／設計／藝術／教育等多元領域的資訊。公認為三十年來最持續密切關注、貼近採訪蘋果公司（Apple）的記者，其多部相關書籍也在臺灣出版發行。現跨足參與保存歷史脈絡的都市開發事業／「James Dyson Foundation」理事／好設計獎（グッドデザイン賞、Good Design Award）審查員。

—評論—

在日本媒體報導之中的唐鳳姿態值得日本人反思——她能夠迅速地設定議題、提出明快的解決方案，並立即將對策付諸實行；身為數位政委的她，在解決方案方面也總會有效地運用數位科技。這些全都是日本政治在本質上所欠缺的，甚至可以說是大多數日本人已經半放棄去追求的特質。唐鳳也讓我們看見，在她本人相當重視的開源社群裡，她會在一般軟體開發者的行列之中提供原始碼——在總是和大家朝著相同方向、一起做著乏味無奇的作業的日本政治圈之中，這也是極為稀有的特質吧！她具有不受世俗框架限制的性別氣質，而臺灣政府也能夠自然地接受她的獨特，著實令日本年輕人深深感佩臺灣政府的先進性。其實，唐鳳的身上凝聚著許多日本年輕人渴望追求、但在當今日本無法實現的所有政治要素。我想，對於日本年輕人而言，唐鳳就是一個希望的象徵。

AUDREY TANG'S FANS

前日本媒體特派員（匿名）

評論

關於唐鳳在行政院記者會上說明的政策內容，常會有許多記者想進一步地提問，而被記者們圍繞的唐鳳，也會在會後持續回答一個又一個的問題。然而，記者的提問接連不斷。或許是在一旁看不下去了，唐鳳的秘書會試圖以「時間差不多了」打斷記者，而這時唐鳳的反應卻是「沒關係，請繼續」。幾乎所有的政治人物在面對提問時，都會在回答到一定程度就中斷結束，唯獨唐鳳會仔細並反覆地說明直到對方理解為止，如此親切、溫柔敦厚的姿態，非常令人感動。

AUDREY TANG'S FANS

西岡 千史

PROFILE

一九七九年出生於日本高知縣；畢業於早稻田大學第二文學部後成為自由記者；二〇一一年起擔任《週刊朝日》編輯部記者；共同撰寫的作品包括《震災之後：東日本大震災報告》等。

〔作者補充：疫情最一開始的時候，西岡先生在網路媒體「AERA dot.」上寫的一篇文章〈新型コロナ“神対応”連発で支持率爆上げの臺湾，IQ180の38歳天才大臣の対策に世界が注目〉（二〇二〇年二月二十九日配信）中，介紹了活躍的數位政委唐鳳如何使臺灣成功地防疫。這篇報導在日本受到非常大的歡迎，並使整個日本開始關注唐鳳；該篇文章在「AERA dot.」為二〇二〇年度被最多人閱讀的文章排名中第三名。〕

〈評論〉

科技不一定能夠使人類幸福——蔓延全球的疫情，使這件事情不言自明。因為憎恨，某個國家的人們之間彼此分裂，變成「二色之國」，還有某個國家，以強化監視的手段變成「幸福的獨裁國家」；在分裂及監視這樣經典的國家支配手法上，科技正被徹底地活用中。但唐鳳不一樣。她運用科技工具讓人們從分裂走向統合，並讓國家監視變為公開透明。這樣的她受到日本，不，是受到世界各國人們的注目。

在潘朵拉的盒子早已被打開的當今世界裡，如果還保留著希望的話，它就在臺灣。

AUDREY TANG'S FANS

井﨑 彩

PROFILE

《週刊文春WOMAN》總編輯。一九七五年出生於日本東京，畢業於早稻田大學政治經濟學系。於一九九九年進入株式會社文藝春秋就職，參與了《文藝春秋》、《週刊文春》、《CREA》的編輯工作。二〇一八年，由於只刊載美容和時尚資訊的既有女性雜誌已難以滿足現代女性的需求，因而推出日本No.1週刊誌《週刊文春》的女性版—創刊季刊誌《週刊文春WOMAN》。

評論

在遇到唐鳳之前的我，與大多數日本人一樣，並不相信所謂的「社會正義」，也會質疑「到底『SDGs』有多少實際效力」或「根本無法實現真正的民主主義」等等。我也在這裡向大家坦白，在二〇二〇年八月第一次採訪唐鳳的時候也仍抱持著懷疑的心態：「唐鳳的思想是很棒沒錯，但應該也只是漂亮話吧？」然而，在我越來越瞭解她所做出來的成績之後，心中湧現了一股從來沒有過的興奮之情——竟然有人可以這麼具體地向公眾展示「社會變革的方法」！同時，唐鳳將所有資訊公開的做法也非常棒，無論是誰都能夠模仿並學習她的經驗。在她建立起來的基礎之上，臺灣人民為了社會改革而紛紛奮起採取行動的姿態，也著實令人感動。二〇二〇年在橫跨二冊連載了唐鳳的採訪特輯之後，收到了許多讀者的回饋：「能夠知道唐鳳這號人物的存在，真是太好了！」以及「原本已經對日本現狀放棄了，但是看到臺灣的狀況，第一次覺得『社會是可以改變的』。」

AUDREY TANG'S FANS

川戸 崇央

PROFILE

出生於一九八六年。二〇一〇年畢業於東京大學畢業，進入「Media Factory」（株式会社メディアファクトリー）就職。現任書籍及漫畫情報誌《da・vinci》（ダ・ヴィンチ，KADOKAWA出版）的總編輯。同時也負責本書作者的第二部日文著作《唐鳳母親的手記「成長戰爭」》（オードリー・タン母の手記「成長戦争」）的責任編輯。

—評論—

我之所以會知道唐鳳這號人物，是因為近藤小姐執筆的《唐鳳的思考：比IQ更重要的事》（日本Bookman社出版）一書。我認為在閱讀這本書時，可以看到近藤小姐在與唐鳳的問答之中大開眼界、成為「社會創新」家的蛻變過程。重點不在於唐鳳是IQ多少的天才，而是她具有改變周圍的人的力量。身為同一個時代的生活者，她的存在相當震撼人心。這份感動也同樣適用於懂得讓唐鳳發揮所才的臺灣社會，臺灣實在有許多值得學習之處。

AUDREY TANG'S FANS

古川 誠

PROFILE

編輯／雜誌《OZmagazine》前總編輯／現任免費雜誌《metro min.》總編輯。除了雜誌編輯的面貌之外，也以小說家之姿出版《龍膽花咖啡》（日本KURUMED出版）和《公寓虞美人》（日本SENJU出版）兩部小說作品。二〇二〇年創立T恤品牌「SENTIMENTAL PUNKS」。

—評論—

唐鳳在日本擁有高人氣，其實是一個不難理解的現象，因為這證明了在現代日本政治中缺席的「領導力」——遺憾的是，在日本找不到有哪一位政治家跟她一樣，柔軟有彈性、能平等地站在市井之民的角度，同時還能夠「引導」國民前進；甚至還能凌駕於腐敗的體系之上，拒絕讓像那樣的人浮上檯面並擁有政治舞臺。臺灣人對於政治的「承諾意識」之高，與日本人對於政治的「看破放棄」，在疫情時代中很清楚地顯現出差異。

只是另一方面，我們這些哀嘆政治的人也有一種危機感，在「自己置身事外、只譴責他人」的趨勢之中，該趨勢的後果也正逆向地反彈在自己身上。

近藤小姐的著作《唐鳳的思考：比IQ更重要的事》（日本Bookman社出版）在書腰上寫著：「像她一樣的天才或許難得一見，

但是每個人的心裡都能夠住進一個小唐鳳。」這句話重擊了我的胸口。唐鳳啟發了我們，提醒我們現在應該去做甚麼或應該保持甚麼樣的姿態。正因如此，日本人才深深被她的思考、思想和存在所吸引，不是嗎？

AUDREY TANG'S FANS

吉川 明日香

PROFILE

《東洋經濟ONLINE》總編輯。畢業於早稻田大學商學部後，於二〇〇一年進入東洋經濟新報社工作，並在擔任記者期間採訪、報導食品、建設、精密機械、電子零件、通訊業界等相關新聞，也為《週刊東洋經濟》與《公司四季報》等媒體撰稿。在兩度請產假和育嬰假之後重返職場，於二〇一二年秋天再次進入《東洋經濟ONLINE》編輯部，二〇一六年四月起升任副總編輯，並於二〇二〇年十月起升任總編輯。

—評論—

唐鳳在日本創下的高人氣，挖掘出深藏在日本人心中的祈願——不局限於年齡、性別、學歷與工作經歷等約定俗成的框架，扼殺自己的意志過活，而是維持身為人的尊嚴。看著她的一舉一動，突然讓我醒悟到「或許自己也做得到」。

唐鳳挑戰這個世界的方式也令我敬佩，面對舊勢力，她大可以高舉「你們是敵人！」或「這是歧視！」的旗幟正面迎戰，但她卻包容了所有的敵友，並讓大家各得其所，展現了「即使是敵人也一起前進，不落下任何人、包容萬物」的戰鬥精神。我也想跟她學習具有如此包容力的迎戰態度。

AUDREY TANG'S FANS

佐藤 慶一

PROFILE

株式會社講談社編輯。曾任職於《現代商業》編輯部，目前隸屬於現代新書編輯部。於一九九〇年出生於日本新潟縣。負責編輯的著作包括記錄音樂商業變遷的報導文學《暢銷曲的崩壞》與生動描述日本移民社會的《兩個日本》（皆為講談社現代新書）等。

—評論—

我覺得唐鳳突顯了臺灣政治領域在活用數位方面的進步。不只是「最年輕政委」的身分、從小到大的成長故事，就連她所說的話也深深地打動了日本人的心，令日本人讚賞不已。原因很簡單，唐鳳的存在看似輕鬆寫意，但在日本卻是「前所未有」的典型。在許多層面上，唐鳳讓日本瞭解到自己遠遠落後於世界，而且跟不上時代。她的高人氣或多或少證明了身為「課題先進國」的日本，也在等待一位和唐鳳一樣的人物現身。不過，我們不能只是等待，而要實際付諸行動。唐鳳的存在讓我們領悟到，無論是擴大描繪理想與希望的能力，或是將理想與希望實際融入社會的能力，日本都有待提升。

AUDREY TANG'S FANS

滝川 麻衣子

PROFILE

《Business Insider Japan》前副總編輯。於大學畢業後進入產經新聞社，並先後在廣島支局、大阪本社任職。於二〇〇六年起擔任東京本社經濟記者，採訪的經濟新聞跨足時尚、流行、金融、製造業、省廳、工作型態改革等，範圍十分廣泛。於二〇一七年起，在「BIJ」以工作型態與生存之道為主題進行採訪。

評論

我們曾邀請唐鳳政委參加「Business Insider」主辦的國際會議，當時透過電子郵件與她接洽，沒想到政委竟然親自傳送自己受訪的資料影片，還附上一句「Please find it here」，令我深感震撼；我曾與許多日本的政府高官接洽，卻從未遇過像唐鳳這樣親力親為的人。唐鳳不只創下了驚人的成就，更位居高官，但她坦率自然的作風、親切和藹的態度，以及讓周遭感到輕鬆的個性，深深吸引了許多日本人。

AUDREY TANG'S FANS

浜田 敬子

PROFILE

《Business Insider Japan》前統籌總編輯／雜誌《AERA》前總編輯。於一九八九年進入朝日新聞社工作，並於一九九九年起轉任《AERA》編輯部，擔任副總編輯等職務；二〇一四年起，升任《AERA》總編輯；二〇一七年三月底離開朝日新聞社，成立跨足世界十七國的經濟電子媒體《Business Insider》日本版；二〇二〇年底辭去統籌總編輯一職，成為一位自由記者。在電視節目《羽鳥慎一晨間秀》、《Sunday Morning》中擔任評論員，並以多樣性為主題發表多場演講。著有《職業婦女與罪惡感》（集英社出版）。

—評論—

唐鳳的崛起和新冠肺炎疫情的擴散緊密相關，而這也是日本人突然關注唐鳳的原因。大多數日本人都很肯定成功封鎖未知病毒的臺灣，並對於幕後功臣之一的唐鳳表示讚賞。後來隨著唐鳳表現出的聰明慧黠、沉穩性格，以及一視同仁且開放包容的作風，再加上其成長過程逐漸為人所知，使得日本人更想要進一步地瞭解唐鳳。

二〇二〇年春天，由公民科技團體「Code for Japan」開發的東京都新冠疫情網站，而唐鳳一派正常地寫下留言的行為，立刻在社群網站爆紅，受到日本網友的歡迎；我認為唐鳳率直且平等的作風，及其表現出的親切感是她受到歡迎的主因之一。

唐鳳受歡迎的原因有很多，而最讓我有感的是她的幽默感。唐鳳參加了許多日本的網路活動，面對別人的提問，她總是能立刻回答出令人會心一笑的幽默答案。在不知未來如何的疫情之中，每個人都懷抱著不安和無處發洩的怒氣與焦躁，而她的幽默療癒了某些人，舒緩了他們的焦慮情緒。

過去這一年多來，日本的領袖們未曾說過該說的話，這是一個很嚴重的問題——政治領袖該做的是安撫國民的不安與焦躁，盡一切努力讓人民理解新冠肺炎這樣未知的病毒，並告訴人們希望在哪裡，可是他們一句話也沒說。唯有唐鳳不斷說出打動人心的話，在這樣的現況中，她讓我們看到新時代的領袖典範。

AUDREY TANG'S FANS

神田 憲行

PROFILE

一九六三年出生於日本大阪市。關西大學法學部畢業，師承已故記者黑田清；從昭和時代從事自由記者至今。主要著作包括《河內的純情與西貢的夢》（講談社文庫出版）、《謎的預校：麻布的教誨》（集英社出版），最新著作是以將棋名師森信雄一門為主題的《一門》（朝日新聞出版）。

（作者補充：他是資深記者，曾擔任日本Yahoo！新聞特輯的主編。2019年10月筆者第一次專訪唐鳳時候，他便是負責該篇報導的編輯，當時他從日本飛來臺灣與我一起採訪唐鳳。）

—評論—

「唐鳳是一位相當隨和的人。」——這是我有幸陪同近藤小姐採訪，並見到唐鳳本人之後的印象。當時提出採訪的邀約，唐鳳只花了兩天就點頭同意，還主動提出可以延長採訪時間。此外，唐鳳的辦公室裡有許多年輕人，而大家都穿著輕便的服裝一起工作，這個場景也令人印象深刻。我認為唐鳳是一個不拘泥於形式且實事求是的人，綜觀日本的官員，沒有人和唐鳳一樣。

AUDREY TANG'S FANS

軍地 彩弓

PROFILE

在《ViVi》雜誌編輯部擔任時尚記者，於二〇〇四年參與《GLAMOUROUS》雜誌創刊，成為知名的時尚編輯；後來進入「Condé Nast Japan」擔任《GQ JAPAN》代理總編輯，並創刊《VOGUE GIRL》。跳槽《Numero TOKYO》雜誌後，現為自家公司「gumi-gumi」的執行長。除了擔任編輯、電視評論員之外，也是Netflix《華麗追隨》影集的時尚顧問。受唐鳳啟發，在東京六本木新城經營的學院裡開始支持Reverse Mentoring相關講座。

—評論—

我們渴望唐鳳的理由——現今的日本政治極度混亂，每天面對政客們的謊言和毫無對策，真是令人無言，就在這個時候我注意到了唐鳳。她充分運用了最前端的科技、傾聽人民的聲音，並找出合理的解決之道，這才是現今日本社會最需要的事情。

她說出許多名言並且尊敬前人，照亮現在的我們，可說是二十一世紀的「正義夥伴」。

她就像是我們小時候最崇拜的超人力霸王，也像是觀世音菩薩。其個性善良溫柔、不對立、熱愛人們且引領人們。她的存在改變了我們的行為。

AUDREY TANG'S FANS

田中 千絵

PROFILE

藝術總監／設計師。

出生於日本東京都澀谷區。畢業於武藏野美術大學造形學部空間演出設計學科。

為「株式會社Stripe Factory」董事／粉紅絲帶設計大賞評審。伯父為田中一光。

除了從事平面設計、產品設計等工作之外，也開設兒童專屬的紙張藝術與創作工房。著有《紙與每一天》（KINOBOOKS出版）。

—評論—

唐鳳只花了三天就完成口罩實名制系統並順利上線。我從社群網站得知臺灣的數位政委唐鳳竟能在當時社會極度不安的狀況下，充分發揮其工作能力。後來很快地又閱讀了在《Newsweek日本版》的「臺灣的力量」特輯，讓我更加崇拜她。

動作迅速、一視同仁，及充滿智慧和理性的應對，讓我深刻感受到「這才是領袖應有的態度」，也讓我重新思考現今日本政治存在的問題。

唐鳳在日本掀起話題的起因是她的「高IQ」，但其實她不只是IQ高，EQ也很高，讓我深刻感受到高EQ對她的幫助（包括她親身經歷過的事情，我相信臺灣這個國家的人民特質也對她有所助益）。

若只談論數位技術，日本一定也有技術高超的人，可惜不知道為何，數位高手無法在日本發揮作用。唐鳳不只是數位高手，還能在新冠疫情肆虐的特殊狀況下，結合必要的環境與人才，並且達成目標。這些都需要縝密的思慮、豐沛的人脈和用不完的活力，當然，高EQ也不可或缺。

更重要的是，唐鳳完全不會一意孤行，她會放下身段去傾聽大家說的話，這一點十分迷人。

衷心期待有一天我能去臺灣玩。

AUDREY TANG'S FANS

小池 Amigos

PROFILE

插畫家、畫家。在長澤節開辦的長澤節設計學院（Setsu mode seminar）學習生存之道與繪畫。除了是一位插畫家，也在日本各地舉辦音樂活動和工作坊。於二〇一一年後巡迴東日本大地震（三一一大地震）災區創作作品並舉辦展覽；二〇一九年前往臺灣採訪臺三線地區的客家文化長達三週，出版以插圖為主要型態的紀實書籍《客庄浪漫散策：日本旅人眼中的客家與臺三線》（臺灣角川出版）。

—評論—

二〇二一年三月十一日，日本發生了前所未有的大地震。

大地震發生至今已過了十年，我在災區看見可以感受到人們「對話與共享」的痕跡，擁有出色設計的社會性基礎建設。

為了解決問題，必須與深藏在每個人心中的答案對話與共享，導引出最適合的解決之道。這是花了十年才得到的未來發想，唐鳳給了它輪廓和名字，轉化成每個人都能運用的工具。

AUDREY TANG'S FANS

HARAYUKI

PROFILE

隨筆漫畫家、插畫家；在多個媒體發表紀實漫畫與插圖，並出版多本隨筆漫畫。旅居巴塞隆納時，開始了海外採訪的工作。在經濟新聞網站《東洋經濟ONLINE》執筆連載專欄，介紹臺灣的新冠疫情對策與文化。曾著有《我想要不費心的家人》（講談社出版）。

評論

大多數日本政治領袖都是高齡男性、擁有高學歷且來自政治世家，可說是「社會上的強勢族群」。他們無法理解弱勢和少數族群的立場，經常站在高位俯瞰庶民，作風保守、不喜歡變化，而發言也總流於表面，民眾完全聽不懂。

反觀唐鳳，她既年輕，還是一位曾拒絕上學的跨性別者。擁有傲人的才華，隨時隨地為人民著想，說出來的話也讓人一聽就懂。臺灣政府選擇如此特別的人擔任政務委員，可見該政府制度十分健全，令人敬佩。更棒的是，唐鳳不是歐美國家的官員，而是與日本同屬亞洲的臺灣官員，這一點更讓人感到欣喜。我們可以從唐鳳身上感受到亞洲的光明未來，而這也是我注意到她的原因。

AUDREY TANG'S FANS

小宮 亜里

PROFILE

Bookman社總編輯。出生於一九七二年，父親是日本人，母親為臺灣人。曾在母親位於臺中的娘家農園採荔枝時，一口氣吃下一百顆荔枝而嚇了大家一跳，之後他們每年都會從臺灣運送大量的荔枝到日本。我很幸福！

評論

這次有幸參與近藤弥生子小姐在日本出版的著作《唐鳳的思考：比IQ更重要的事》編輯工作，完全顛覆了我過去對唐鳳的印象。這個世界上存在的任何頭銜與稱號，無論是思想家或領袖都無法適用在唐鳳身上，相信她也會微笑著說：「我不需要。」因為唐鳳早已超越了這一切，也超越了世界的分裂局勢。我們絕不能等待新的領袖出現，我們要靠自己的力量消弭分裂。這就是唐鳳每天都在做的事情。

AUDREY TANG'S FANS

石川 達也

PROFILE

Bookman社營業部長。一九七二年出生。

座右銘是「至誠而不動者，未之有也」。

一評論一

在日本人眼中，「唐鳳」的魅力是能夠很快地將自由的創意具體實現，這是日本政治家不可能具備的能力。

我從未遇過將選舉時一定會成為話題的公約付諸執行的政治家，尤其在日本，想要推動任何政策都都必須在檯面下運作，這是日本政界特有的做法。出於這個緣故，再好的想法也很難順利地推動到最後。

唐鳳所說的「以樂趣為優先」對生活在現代社會的人而言，是一件極度困難的事情。即使如此，唐鳳傾聽多數意見、堅定面對事物且努力完成的態度，依舊吸引著日本人的心。

期待她未來更加發光發熱！

AUDREY TANG'S FANS

森本 浩平

PROFILE

淳久堂書店—沖繩・那霸店店長。一九七四年出生。一九九九年進入淳久堂書店任職，隔年升任神戶住吉店店長；二〇〇六年成為梅田希爾頓廣場店第一代店長，並於二〇〇九年起，成為擁有兩千坪賣場面積、藏書一百萬冊的超大型沖繩那霸店第一代店長至今。

—評論—

在日本全國書店的雜誌架上，可以看到唐鳳登上各種雜誌的封面。原因很簡單，同樣身為亞洲人，唐鳳不只是IQ超過一八〇的天才，做事更不追求個人私利私慾，其盡力貢獻社會的態度，深受日本人的尊敬。唐鳳說的話打動了千萬人，其善良與純粹的心喚醒了日本人逐漸遺忘的做人道理，讓日本人重新感受身為人最重要的事情。

AUDREY TANG'S FANS

丘美珍

PROFILE

專欄作家，著有《Au オードリー・タン天才IT相7つの顔》（文藝春秋出版，臺灣由親子天下出版繁中版《唐鳳：我所看待的自由與未來》）。歷任記者、編者、作者、譯者、編劇，享受不同文字的多重面貌，榮獲文化部優良劇本獎、基督教華文創作金獎。曾任《經理人月刊》總編輯、《數位時代》編輯總監。

—評論—

二〇二〇年日本掀起唐鳳的熱潮，我也受邀撰寫唐鳳的日文版傳記。許多人探討唐鳳的光環，但我卻在其中，看到日本朋友的知性、謙卑和熱情。

自知身處變動的時代，而急切地尋找應變之道，這是日本朋友所具備的知性洞察力。知道解方不限於日本，能夠欣賞來自海外先行者的見解，這是積極的謙卑。

各方不懈地透過訪問或閱讀，向專家尋求第一手的理解，這是理性的熱情！

因此，我深深地讚佩日本朋友的毅力，並且相信，臺灣與日本正一起向更好的未來前進！

AUDREY TANG'S FANS

鄭仲嵐

PROFILE

「nippon.com」多語種部門記者、編輯。一九八五年生，畢業於英國倫敦大學亞非學院，曾留學日本，喜歡搖滾樂與棒球。過去任職於臺灣的電視臺，現定期供稿給BBC中文、德國之聲中文與鳴人堂、關鍵評論網等臺灣媒體。著書《唐鳳：我所看待的自由與未來》（二〇二〇年，文藝春秋／臺灣由親子天下出版），同時擔任樂團「The Seven Joy」的吉他手，負責作詞作曲。

評論

唐鳳政委從二〇二〇年起在日本所刮起的旋風，我算是有幸見證。從一月的《東洋經濟》週刊執筆到二月赴日工作，在日本節目上看到電視臺努力地介紹她，後來日本人們開始理解她的同時，也慢慢感受到臺灣近十年的政治風氣改變，與日本的沉悶風格截然不同。隨後日本各大論壇與線上演講都積極地邀請她，同時我也有幸與丘美珍女士一同出書，將她的點滴介紹給日本人。不知不覺，唐鳳政委也順勢牽起了新型態的臺日交流。就在二〇二〇年，影響臺灣民主甚遠，且受多數日本人喜愛的前總統李登輝過世，而同時唐鳳也成為日本新的話題人物，推廣數位民主進程。臺日交流始終在不同時代有不同人物，我也恭逢其盛，能用文字記錄這難得的吉光片羽。

AUDREY TANG'S FANS

明太子

PROFILE

居住於日本的作家、部落客，已在東京居住十年。曾任臺灣女性流行雜誌編輯，在臺北與倫敦打轉十餘年後，目前與日本先生定居在東京。現為自由文字工作者，著有《明太子小姐の東京生活手帳》、《明太子小姐の東京生活手帳二 東京二見鍾情》（平裝本出版）、《明太子小姐手忙腳亂育嬰記》（臺灣東販出版）等書。目前以母親的身分持續探索藏在日本各角落的不同面相。

—評論—

這兩年只要與日本朋友聊天，許多人都會提到唐鳳。「那位年輕的IT大臣好厲害呀！」、「一直都知道臺灣美食很好吃，臺灣人很親切，但不知道原來臺灣的IT業也很強！」、「臺灣人的英文是不是都像唐鳳那樣流利呀？臺灣是怎麼實行英語教育的呢？」

唐鳳的出現讓日本看見了老朋友臺灣的有趣新面貌。感謝居住在臺灣的近藤弥生子小姐透過自己的視角，將這些深度的臺灣訊息即時送到日本，相信未來臺灣與日本之間一定可以進行更多層面的交流。

AUDREY TANG'S FANS

早川 友久

PROFILE

一九七七年出生於日本栃木縣足利市，畢業於早稻田大學。曾任金美齡女士（前臺灣總統府國策顧問）的秘書，於二〇〇七年到臺灣留學。在就讀臺灣大學法律系期間成為李登輝訪日團一員，並提供各種協助。二〇一二年，就任李登輝前總統的秘書，不只是李總統的對日窗口，也負責撰寫日文原稿。主要著作有《李登輝現在真正想傳達的事》、《唐鳳給日本人的數位未來學》（皆為日本商業社出版）。

評論

李登輝前總統認為「將國家和國民放在心上」是政治家與領導人不可或缺的條件，而唐鳳「透過數位與鍵盤貢獻國家社會」的信念，可說是完美體現了這項條件。

從這一點來看，李登輝與唐鳳有許多相似之處。他們都具備超群的專業知識與技術，並以政務委員的身分踏入政界；而將「個人」擺一邊，優先處理「公眾事務」的工作態度也是兩人的共通點。貫徹原則、追求透明，以及投身公益的作風，令人不禁感歎：「唐鳳是一位政治家啊！」

AUDREY TANG'S FANS

青木 由香

PROFILE

神奈川縣出生，定居臺灣。接洽臺、日媒體之文章撰寫及策劃統籌，藉此將喜愛的臺灣介紹給日本。選物店『你好我好』的老闆娘。著書有《奇怪ㄋㄟ一臺灣》（布克文化出版）、《最好的臺灣》、《臺灣好貨色》（皆為尖端出版）等。

—評論—

唐鳳是日本從未見過的典型，絲毫沒有像日本人對政治冷感的致命傷。在日本提到推動國家這類的重要大事，就會讓人聯想到江戶時代一小群男人在高級料亭拍板定案的畫面。聽說唐鳳每天睡八小時，相信她絕對不會做這樣的事情。唐鳳心胸開闊且貼近人民，這些特質簡直就是水戶黃門——水戶黃門身為統領地方的藩主，喜歡微服出巡，享受平民之旅，同時巡視自己的領地，以雷霆手段制裁貪官汙吏，是日本人最愛的時代劇英雄。

AUDREY TANG'S FANS

片倉 佳史

PROFILE

武藏野大學客座教授／旅居臺灣作家。於早稻田大學教育學部教育學科畢業後，在出版社工作，進而與臺灣結緣。記錄臺灣從日據時代遺留下來的建築物，長期拍攝與地理歷史、建築、原住民族文化、美食、鐵道等主題相關的照片並撰寫相關文章。寫過的旅遊導覽書籍多達四十本，每年演講場次約為四十場。已在臺灣住了二十五年。

——評論——

雖說「日本社會停頓」是不爭的事實，但「人類的生存之道」是做人的根本，而如今的日本人卻在拋開根本的狀態下，議論經濟、政治與教育等課題。在此現況下，唐鳳將個人「如何生存」的觀點與社會問題連結，同時結合大家的力量一起解決並改善問題。她所展現出來的「臺灣型理性主義」，令許多日本人大開眼界，最重要的是，唐鳳「坦率自然」的作風深深吸引了日本人的目光（這些也是日本人的盲點）。

AUDREY TANG'S FANS

片倉 真理

PROFILE

旅居臺灣的作家。畢業於早稻田大學政治經濟學部畢業，平時除了策劃與撰寫臺灣相關書籍之外，也為航空公司的機內刊物撰文，為女性雜誌整合有關臺灣的企劃內容。深受臺灣祕境、歷史與文化吸引，持續採訪各地之美。長期在《&Premium》雜誌撰寫專欄，著有《臺灣探見－微深度臺灣體驗》（WEDGE出版）等書籍。

—評論—

在唐鳳說過的話和表達出來的思想中，最讓我感動的不是熱情或使命感，而是「以樂趣為優先」這件事，她認為以樂趣為優先才能「長期做某件事」，而這個理由也讓我恍然大悟。只要「以樂趣為優先」，人就能順其自然並變得更加寬容。此外，唐鳳處理的都是最前端的工作，但即使如此，她還是很重視人與人之間的關聯，這樣的作風令我印象深刻。透過「數位」的方式收集各種意見的做法，充滿了「民主主義的希望」。

想法才是主角

轟動日本的「天才數位大臣」唐鳳，
打破框架的30種破繭思考。

作　　者　近藤弥生子 Yaeko Kondo
插　　圖　黃立佩
譯　　者　楊裴文
封面照片　CC BY 4.0 點點善及三橫一豎設計

執 行 長　陳君平
榮譽發行人　黃鎮隆
協　　理　洪琇菁
總 編 輯　周于殷
企劃主編　蔡旻潔
美術總監　沙雲佩
設　　計　方品舒
公關宣傳　楊玉如、施語宸、洪國瑋
國際版權　黃令歡、梁名儀

出　　版　城邦文化事業股份有限公司　尖端出版
臺北市民生東路二段141號10樓
電話：(02)2500-7600　傳真：(02)2500-1971
讀者服務信箱：spp_books@mail2.spp.com.tw
發　　行　英屬蓋曼群島商家庭傳媒股份有限公司
城邦分公司　尖端出版行銷業務部
臺北市民生東路二段141號10樓
電話：(02)2500-7600(代表號)　傳真：(02)2500-1979
劃撥專線：(03)312-4212
劃撥戶名：英屬蓋曼群島商家庭傳媒(股)公司城邦分公司
劃撥帳號：50003021
※劃撥金額未滿500元，請加付掛號郵資50元
法律顧問　王子文律師　元禾法律事務所　臺北市羅斯福路三段37號15樓

臺灣地區總經銷　中彰投以北(含宜花東)　楨彥有限公司
電話：(02)8919-3369　傳真：(02)8914-5524
地址：新北市新店區寶興路45巷6弄7號5樓
物流中心：新北市新店區寶興路45巷6弄12號1樓
雲嘉以南　威信圖書有限公司
(嘉義公司)電話：(05)233-3852　傳真：(05)233-3863
(高雄公司)電話：(07)373-0079　傳真：(07)373-0087

馬新地區經銷　城邦(馬新)出版集團　Cite(M) Sdn.Bhd.(458372U)
電話：(603)9057-8822　傳真：(603)9057-6622

香港地區總經銷　城邦(香港)出版集團　Cite(H.K.)Publishing Group Limited
電話：2508-6231　傳真：2578-9337
E-mail：hkcite@biznetvigator.com

版　　次　2022年6月1版1刷　Printed in Taiwan
I S B N　978-626-316-726-1

國家圖書館出版品預行編目(CIP)資料

想法才是主角：轟動日本的「天才數位大臣」唐鳳，打破框架的30種破繭思考。/近藤弥生子作.黃立佩插圖.楊裴文譯 -- 1版. -- 臺北市：城邦文化事業股份有限公司尖端出版：英屬蓋曼群島商家庭傳媒股份有限公司城邦分公司尖端出版行銷業務部發行, 2022.06
面；　公分
ISBN 978-626-316-726-1(平裝)
1.CST: 唐鳳　2.CST: 臺灣傳記
783.3886　　111003011